知識ゼロからの 相続の手続き

池田陽介 税理士
古谷三敏 画

幻冬舎

はじめに

「遺産」「相続人」などの言葉を何気なく耳にすることも多いものです。

相続が気になりはじめた方、まさにこれから直面しようという方もいらっしゃることでしょう。

実際に相続が発生すると、葬儀の手配はもとより、市区町村役所や金融機関などでの手続き、遺産分割の話し合い、相続財産の評価、相続税の節税、相続税の申告・納税……など、相続人は限られた時間内でさまざまなことを処理していかなければなりません。

「覚悟はしていたが、あれほどの一大事だったと思わなかった！」というのは、相続を経験した人が、必ずといっていいほど口にする言葉です。

私は税理士として、これまでさまざまな相続に立ち会ってきました。

「遺産の整理で指摘してもらった心当たりのない会社からの配当金は、故人（父親）の昔の友人の会社からのものでした。早速その会社に出向き、社長さんから父の思い出を聞けました」という心温まる話を聞くこともあれば、相続財産の配分をめぐって係争にまで発展し、相続人である兄弟姉妹が仲たがいしてしまう場面も何回か見ています。相続税がかからなければ争いは起きないと思いがちですが、そのようなケースでも、相続をめぐる争いは起きるものです。

身内の死去にともなう相続は、誰もが経験することです。とはいえ、主たる相続人としては、はじめて経験することが多いものですし、心の準備もできないうちに相続が発生することもあるでしょう。そんなとき、煩雑な事務手続きにとまどったり、判断に迷ったりしてしまうのは、避けられないことなのかもしれません。

難解なイメージがつきまとう相続ですが、流れやしくみを理解して臨めば、スムーズに進められるので、作業の負担を軽減することができます。また、逆の立場から言うと、相続人のために生前からできる範囲で準備を進めておくことも大切です。

本書では、相続全体の枠組みや一連の流れ、各種手続きのポイントなどを、図解やマンガを交え、簡潔に説明しています。本書が、後悔しない相続・円満な相続を実現するための一助となるならば、これに勝る喜びはありません。

税理士　池田陽介

知識ゼロからの相続の手続き 目次

第二章 保険・年金の手続き

第三章 遺言書がある相続、遺言書がない相続

第四章 相続財産の評価と相続税申告までの流れ

第五章 節税対策の基礎知識

第六章 死亡後に必要な手続き

第七章 葬儀の準備と流れ

※本書は、平成23年2月のデータをもとにしています。
※相続税の基礎控除額の引き上げ（改正案「３０００万円＋６００万円×相続人数」など）や相続税率の見直し、贈与税率の緩和等、相続税と贈与税に関する法改正が行われた場合、本書で示している数値と差異が出ることがあります。あらかじめご了承ください。

第一章 葬儀後に必要な手続き

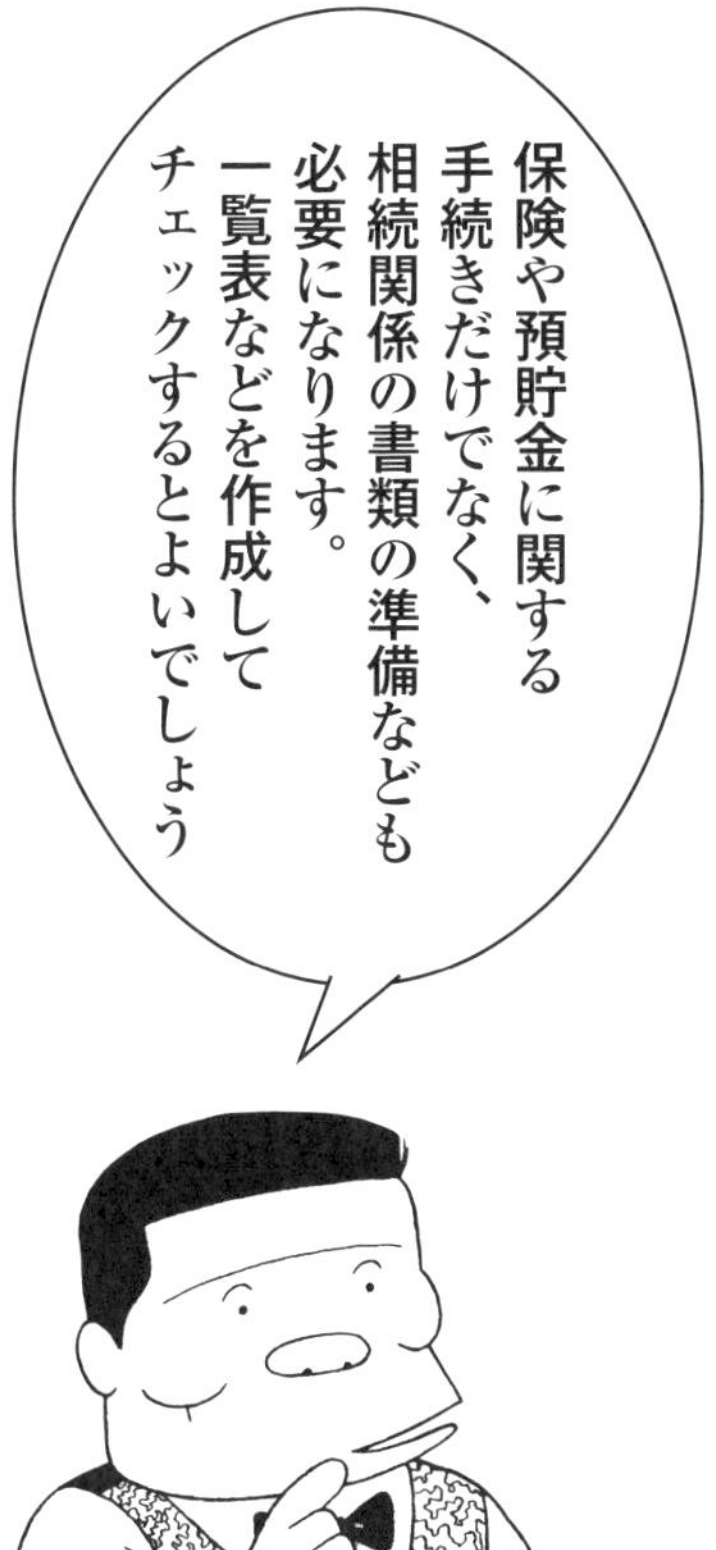
保険や預貯金に関する手続きだけでなく、相続関係の書類の準備なども必要になります。一覧表などを作成してチェックするとよいでしょう

葬儀後の手続きチェックリスト

■市区町村役所関連

手続き内容	備考
□国民健康保険葬祭費支給申請	基本的に2年以内に行う（健康保険の場合は「埋葬料」、勤務先などが窓口）
□国民健康保険証の返却	
□国民健康保険への新規加入	14日以内。必要に応じて
□世帯主変更届の提出	14日以内。必要に応じて
□健康保険の高額療養費の受給手続き	
□児童扶養手当認定請求	母子家庭。ただし所得制限あり
□失業保険の請求	失業保険受給者で未支給分がある場合
□介護保険被保険者証の返却	
□老人医療受給者証（健康手帳）の返却	
□身体障害者手帳の返却	

葬儀後は精神的にも余裕がないものですが、必要な手続きを行いましょう

■年金関連

□年金受給停止手続き

□遺族基礎年金の受給手続き

□寡婦年金の受給手続き

□死亡一時金の受給手続き

□遺族厚生年金の受給手続き

□遺族補償一時金の受給手続き

□遺族補償年金の受給手続き

■公共料金関連、その他

□電気・ガス・水道料金の支払口座変更手続き

□固定電話の支払口座変更手続き

□携帯電話、プロバイダー、クレジットカードなどの解約手続き

□運転免許証やパスポートの返却

□マイカーの名義変更手続き

故人が現役のサラリーマンだった場合

□死亡退職届を勤務先に提出

□身分証明書を勤務先に返却

□健康保険証を勤務先に返却

□未払い分があれば最終給与を受け取る

□退職金、社内預金、自社持株などの処理依頼

葬儀後に真っ先にしなければならない手続き

役所での手続き

医師から受け取った死亡届（死亡診断書とセット）の提出を経て、火葬・葬儀という流れになります。それと前後して、故人の住民票があった市区町村役所で、各種の手続きを行います。故人が国民健康保険の加入者であれば、葬儀費用の一部として、「葬祭費」などの名目で所定の金額が支給されます。申請書の提出なども含めて、市区町村役所での手続きは、一度に済ませたいもの。事前に電話で問い合わせるのもいいでしょう。手続きをする人は実印や印鑑、預金通帳、運転免許証などの身分証明書を必ず携帯しましょう。

各種手続きには、印鑑や身分証明書が必要なので、くれぐれもお忘れなく！

故人が世帯主だった場合

新たに世帯主となる人を決めて、死亡してから14日以内に「世帯主変更届」を提出します。遺族が妻（母親）と幼児だけで、妻（母親）が新しく世帯主となるというように、世帯主が明白な場合は、提出の必要がありません。

■未支給分の年金の請求

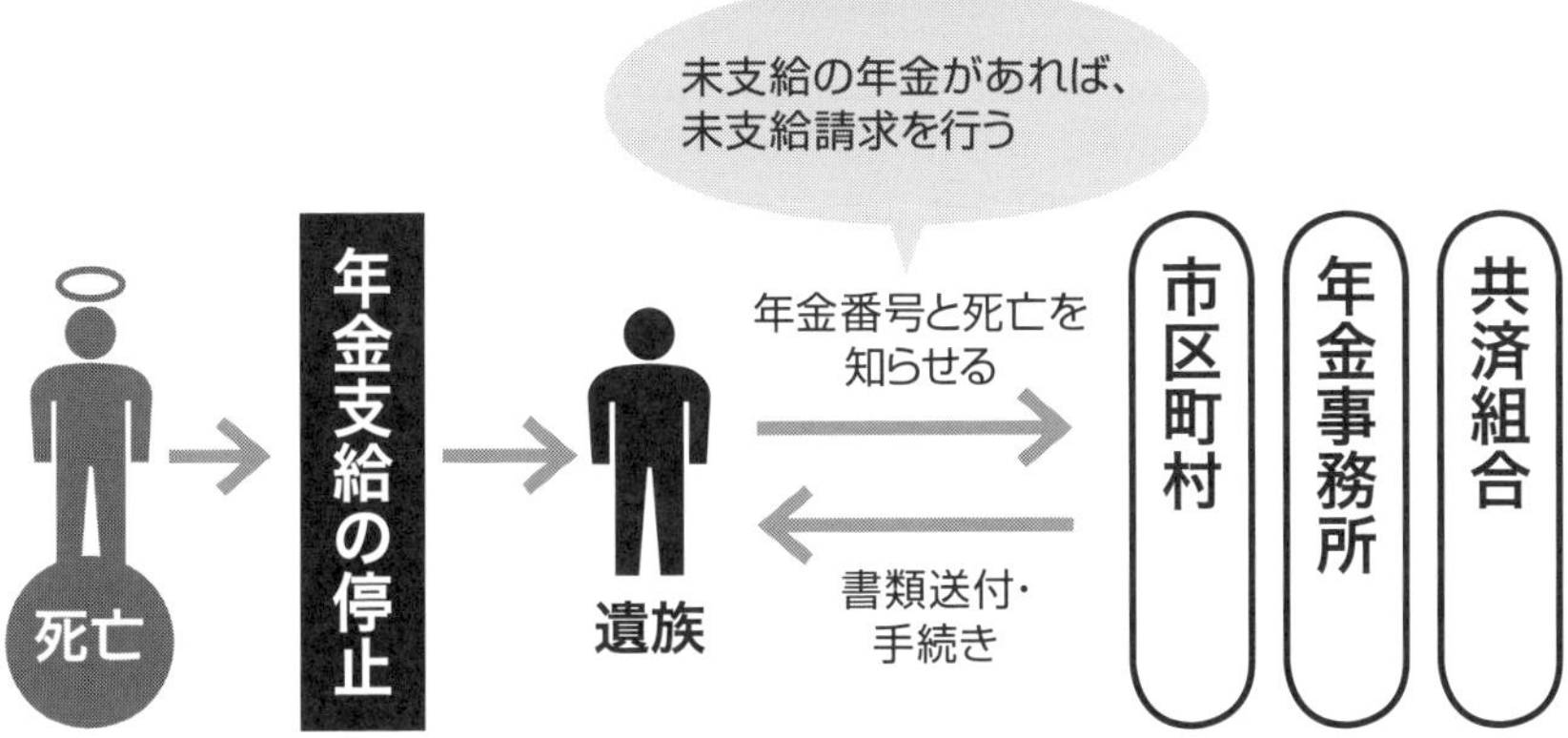
未支給の年金があれば、
未支給請求を行う
死亡
年金支給の停止
遺族
年金番号と死亡を
知らせる
書類送付・
手続き
市区町村
年金事務所
共済組合

■故人の扶養家族の健康保険はどうなる?

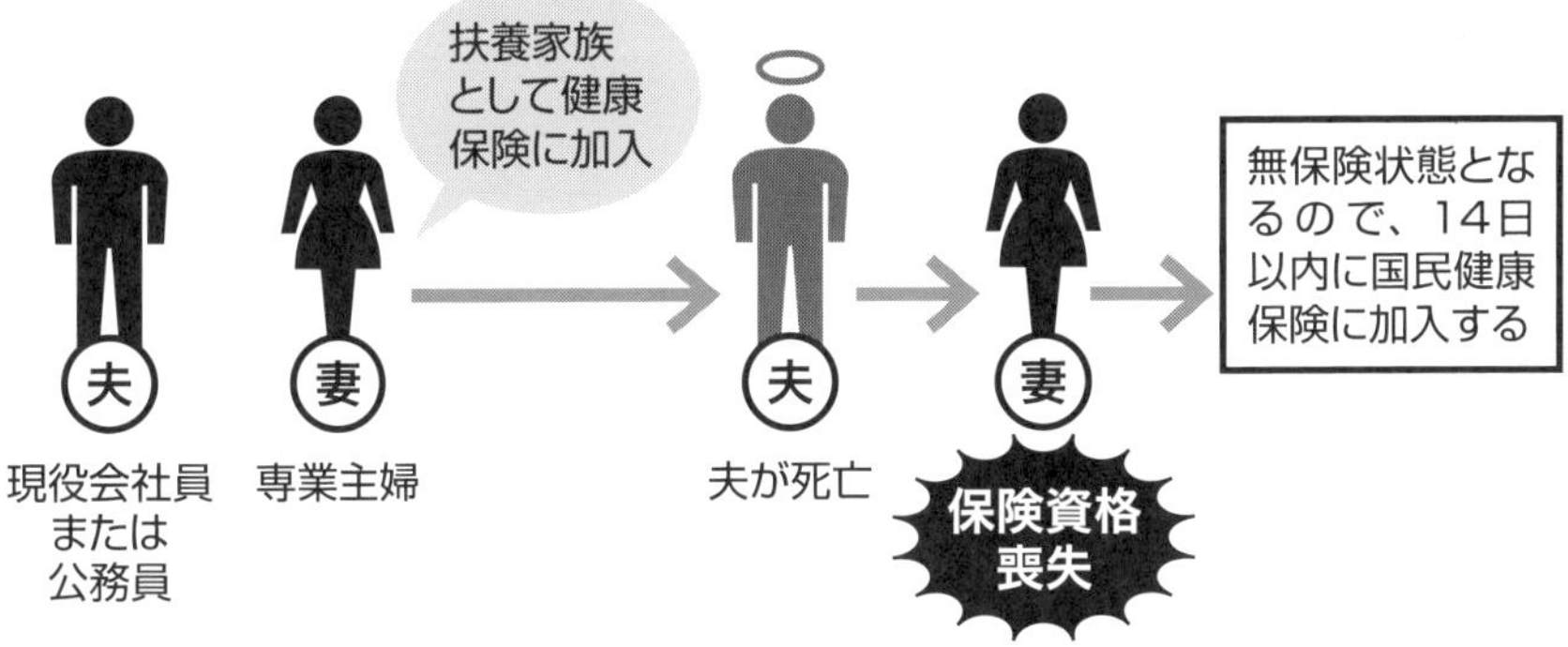
扶養家族
として健康
保険に加入
夫
妻
現役会社員
または
公務員
専業主婦
夫
夫が死亡
妻
保険資格
喪失
無保険状態とな
るので、14日
以内に国民健康
保険に加入する

お父さんの会社の健康保険…
亡くなった翌日に資格喪失してしまうんですって
国民健康保険に加入しなくては
私たち無保険状態になってしまうわ

相続手続きに欠かせない書類と取得方法

「出生から死亡までの連続した戸籍謄本」とは？

各種の相続手続きでは、相続人全員の戸籍謄本《とうほん》や印鑑登録証明書などの書類を添付することになります。故人についても、「出生から死亡までの連続した戸籍謄本」の提出を求められるケースが多いもの。認知の有無など、すべての相続人を確認するためです。

相続の手続きに必要不可欠な戸籍謄本や印鑑登録証明書などは、本籍地や現住所の市区町村役所で発行してもらいますが、遠隔地の場合は郵送でも依頼することができます。

■現在の戸籍謄本の形

全部事項証明

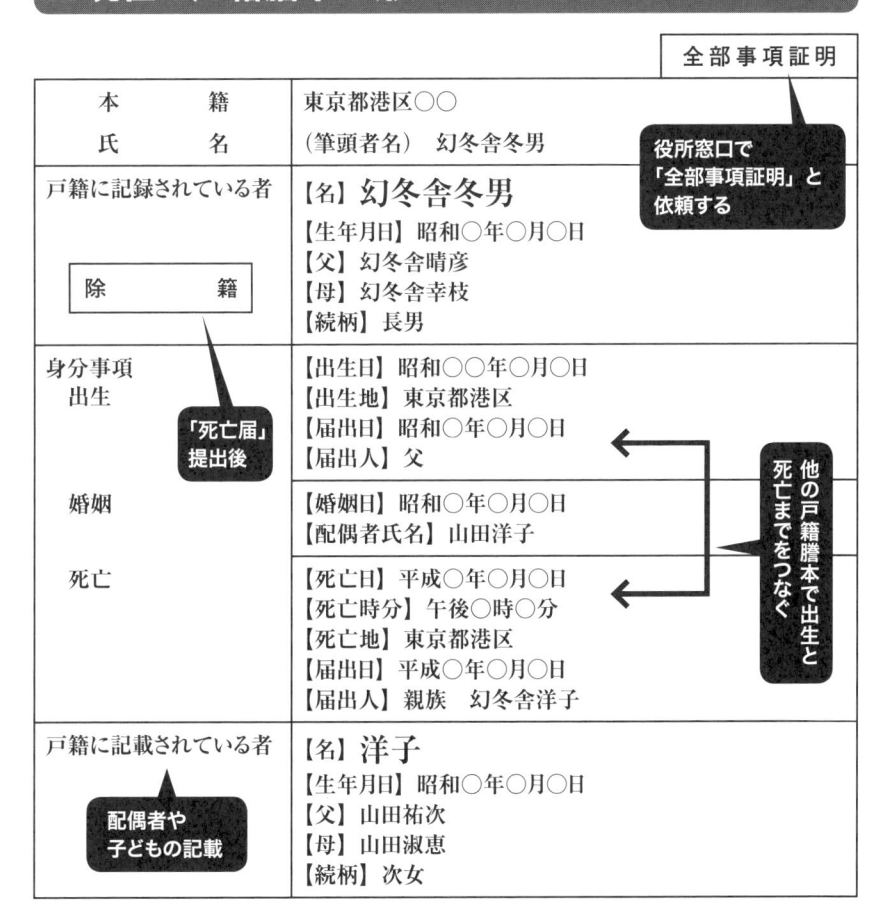

本籍	東京都港区○○
氏名	（筆頭者名） 幻冬舎冬男
戸籍に記録されている者 除籍	【名】幻冬舎冬男 【生年月日】昭和○年○月○日 【父】幻冬舎晴彦 【母】幻冬舎幸枝 【続柄】長男
身分事項 出生	【出生日】昭和○○年○月○日 【出生地】東京都港区 【届出日】昭和○年○月○日 【届出人】父
婚姻	【婚姻日】昭和○年○月○日 【配偶者氏名】山田洋子
死亡	【死亡日】平成○年○月○日 【死亡時分】午後○時○分 【死亡地】東京都港区 【届出日】平成○年○月○日 【届出人】親族　幻冬舎洋子
戸籍に記載されている者	【名】洋子 【生年月日】昭和○年○月○日 【父】山田祐次 【母】山田淑恵 【続柄】次女

役所窓口で「全部事項証明」と依頼する

「死亡届」提出後

他の戸籍謄本で出生と死亡までをつなぐ

配偶者や子どもの記載

■故人のルーツをたどる（故人の親の戸籍までさかのぼる）

故人（被相続人）が生まれたときに入った戸籍、つまり、故人の親の戸籍までさかのぼります。複数の戸籍謄本が必要になる場合もあります。その場合は、それぞれの本籍地の役所で発行の依頼をしましょう。

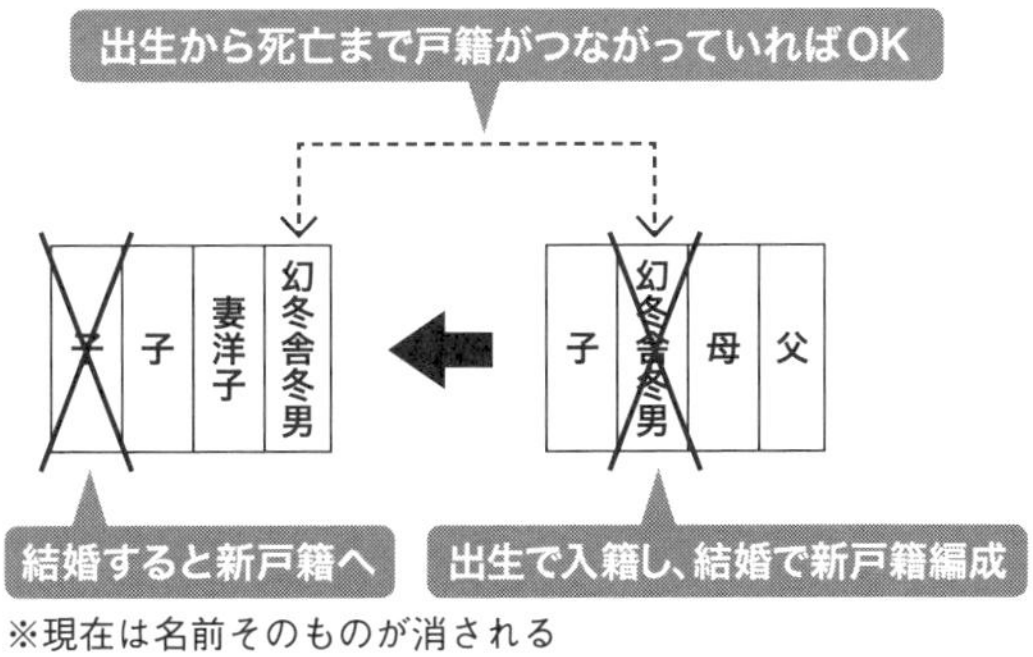
出生から死亡まで戸籍がつながっていればOK
子
子
妻洋子
幻冬舎冬男
子
幻冬舎冬男
母
父
結婚すると新戸籍へ
出生で入籍し、結婚で新戸籍編成

※現在は名前そのものが消される

銀行預金や郵便貯金の処理

■手続きの基本的な流れ

① 故人の取引金融機関を確認
（届くまでに1週間ほどかかる）

② 取引金融機関に必要書類を求める
（戸籍謄本は出生から死亡まで連続したものが必要）

③ 戸籍謄本など添付書類の種類と必要枚数の確認
（相続書類には各相続人の自署・実印の押印・印鑑登録証明書が必要）

④ 相続人全員の添付書類を用意

⑤ 必要事項を記入した書類に添付書類をそろえて、郵送ないし金融機関に直接出向いて手続きを完了させる

「分割協議書なし・遺言書なし」で処理するのが簡便

銀行やゆうちょ銀行（郵便局）、信用金庫などの金融機関は、死亡を確認した当該名義人の口座を停止します。その停止された故人の口座の預貯金は、相続確定後に引き出すなり名義書き換えをするなど処分が可能になります。手続きに必要な書類等は、相続の仕方（42ページ）によって異なります。最も簡便で時間も短縮できるのは、「分割協議書なし・遺言書なし」とする処理方法です。相続代表者の口座に振り込んでもらい、後で相続にしたがって分配するのもいいでしょう。

■銀行などへの手続き

銀行やゆうちょ銀行（郵便局）など、各機関へきちんと連絡しましょう。

【チェックするもの】

- □金融機関の通帳
- □キャッシュカード
- □インターネットの履歴（ネット銀行等）
- □信用金庫や信用組合・農協・漁協などの出資金

【銀行などへの手続き】

同じ名義で複数の口座を持っている場合、それらを１つにまとめる「名寄せ」を依頼しましょう。それによって、銀行にある預金や金融商品がチェックできます。必要ならば「残高証明書」の発行の依頼も。また、貸し金庫の確認も必要です。

【ゆうちょ銀行】

「貯金入出金照会書（兼回答書）」を提出することで、全国のゆうちょ銀行（郵便局）に貯金があるかどうかを確認できます。

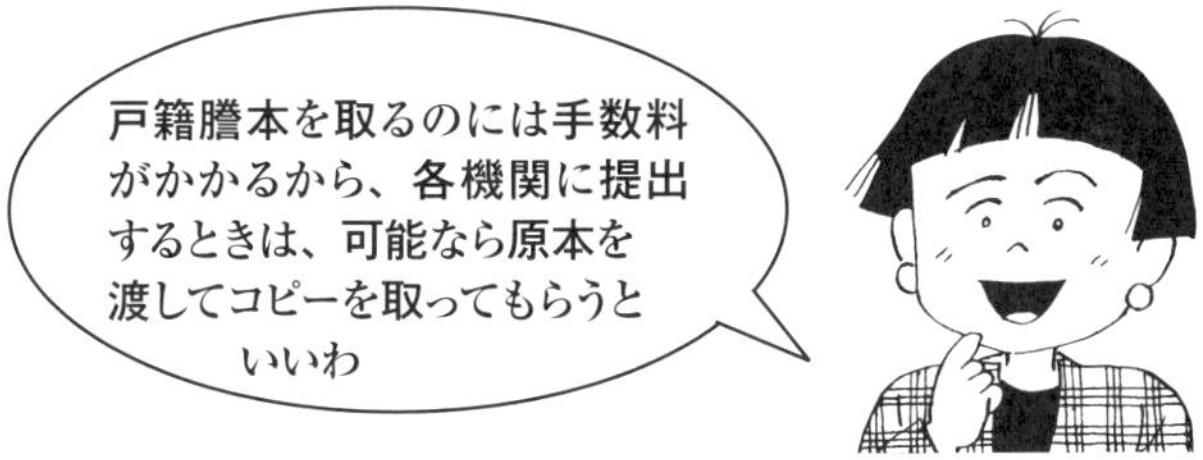
戸籍謄本を取るのには手数料がかかるから、各機関に提出するときは、可能なら原本を渡してコピーを取ってもらうといいわ

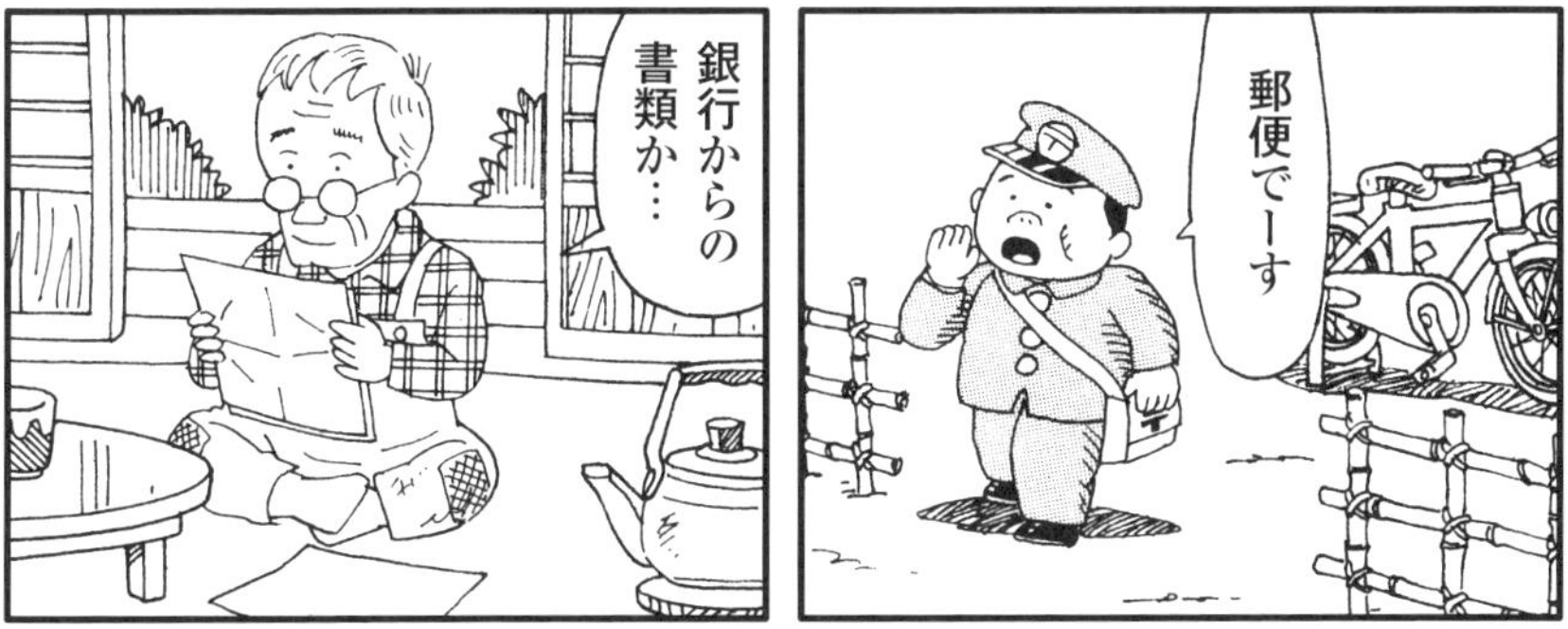
郵便でーす
銀行からの書類か…

上場株式、投資信託、国債などの相続手続き

取引していた証券会社を探すところからスタート

上場企業の株式を相続するためには、「故人がどの証券会社と取引（口座を開設）していたのか」を特定することがスタートです。複数の証券会社に口座があることも珍しくありません。手がかりは、「口座開設案内書・約定書」。最近はインターネットを利用した外国株の取引も一般的で、パソコンの確認も欠かせません。

証券会社が特定できたら、株式所有企業からの「配当金の支払い通知書」などの郵便物を元に、「故人がどの上場会社の株を何株所有していたのか」と目安をつけ、証券会社で手続きを取ることになります。その際、「残高証明書」の発行も求めましょう。国債や投資信託など、株式以外の金融商品を所有していることもあるからです。端株《はかぶ》は信託銀行で管理されている場合もありますが、その株式を含めて相続した株式を名義変更したり、売却したりするためには、相続人自身も証券会社に口座を開設することが必要です。２００９年１月以降、株式は電子情報とし

■株式相続のチェックポイント

□郵便物

株主への事業報告書・株主総会招集通知書・配当通知書、証券会社からの取引報告書、投資信託などの運用報告書

□通帳・証書

配当金の振り込み、国債など債券の保護預り通帳（証書）、金保護預り証書など

□パソコン

メールやインターネットの履歴

■上場株式の流れ（上場株式の売買窓口）

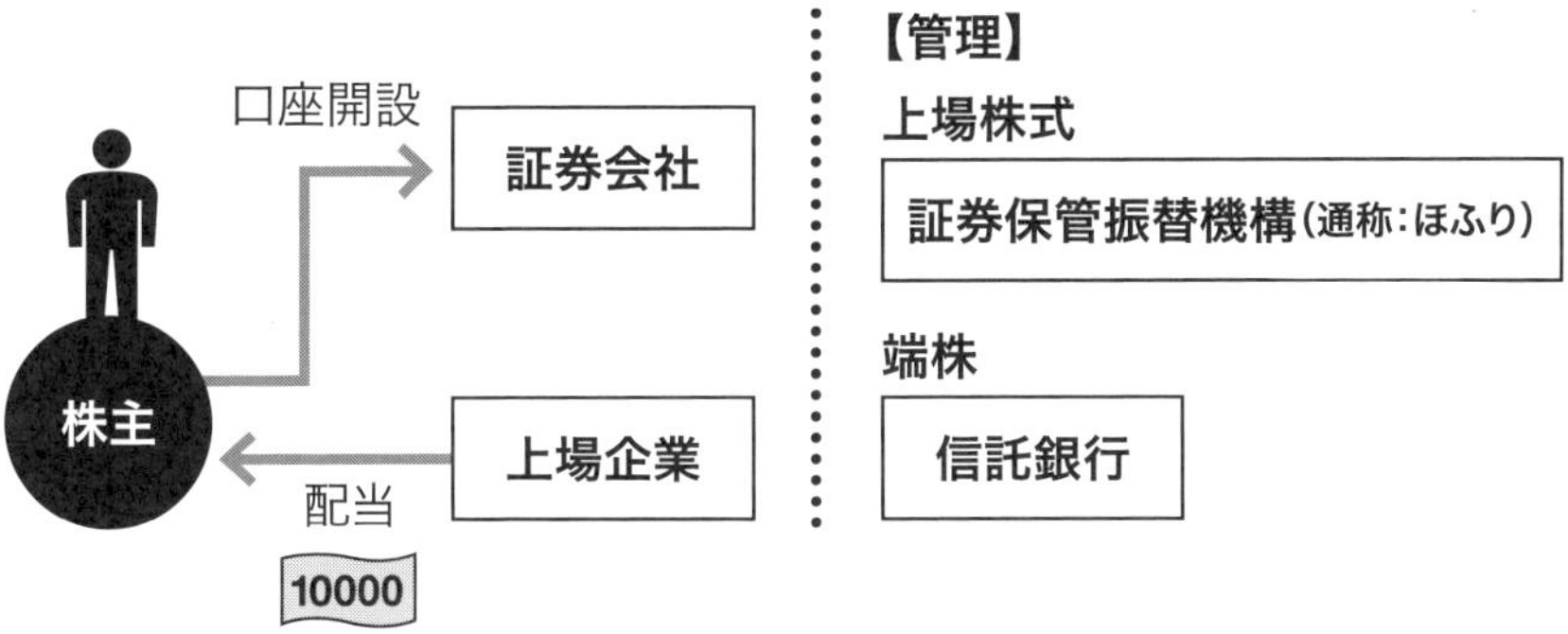
口座開設
証券会社
株主
上場企業
配当
10000
【管理】
上場株式
証券保管振替機構（通称：ほふり）
端株
信託銀行

※端株＝売買単位に満たない株式

■金融商品の売買窓口

上場株式	証券会社　信託銀行
国債	証券会社　都市・地方銀行　信託銀行 ゆうちょ銀行　信用金庫　ＪＡなど ※金融機関が発行している加入通帳や保護預り証書で確認できる
投資信託	信託銀行　証券会社　保険会社 各種銀行　独立系投資信託会社
金	各種銀行　証券会社　商品取引会社　商社 百貨店　宝飾店　非鉄金属会社など ※金：地金などの現物で保管するほか、「金保護預り証書」で所有が確認できる

て関係機関に保管されているため、自宅金庫に株券があっても、基本的には記念品としての価値しかありません。

地金などが現物で保管されていることは、まずないだろうな
株式の名義変更をするときは、預貯金と同じように「分割協議書なし、遺言書なし」で行うと、手続きがスムーズだぞ

生命保険の相続手続き

保険の受取人が被保険者より先に亡くなった場合

たとえば、保険受取人が母親、被保険者は父親の場合で、母親が先に亡くなれば、保険金請求権は子どもに相続されます。したがって、父親の死後にその保険金を受け取ることになります。

保険証書が見つからない場合は、預貯金通帳の引落し履歴を確認しよう

受取人指定の死亡保険金の場合

死亡にともない支払われる生命保険は、受取人が指定されていれば相続人の間で分ける財産には該当しません。

「被保険者（保険に入っている人）」「保険契約者（保険金の支払義務者）」「保険受取人」はそれぞれ誰なのか、確認することが大切です。基本的に、死後2年を過ぎると死亡保険金の請求権利がなくなるので、要注意。

住宅ローンには、死亡にともないローンの支払いが免除される団体信用生命保険がついているのが一般的。その確認もしましょう。

■生命保険の基本的なしくみ

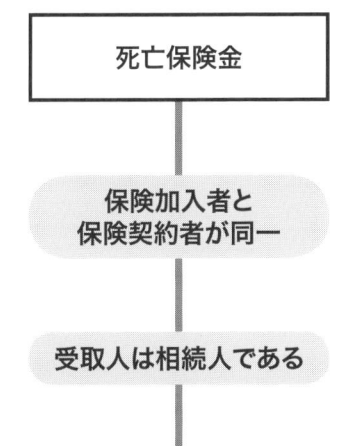

死亡保険金

保険加入者と
保険契約者が同一

受取人は相続人である

相続税・生命保険の非課税枠の適用がある

死亡保険金の非課税限度額
500万円×法定相続人の数

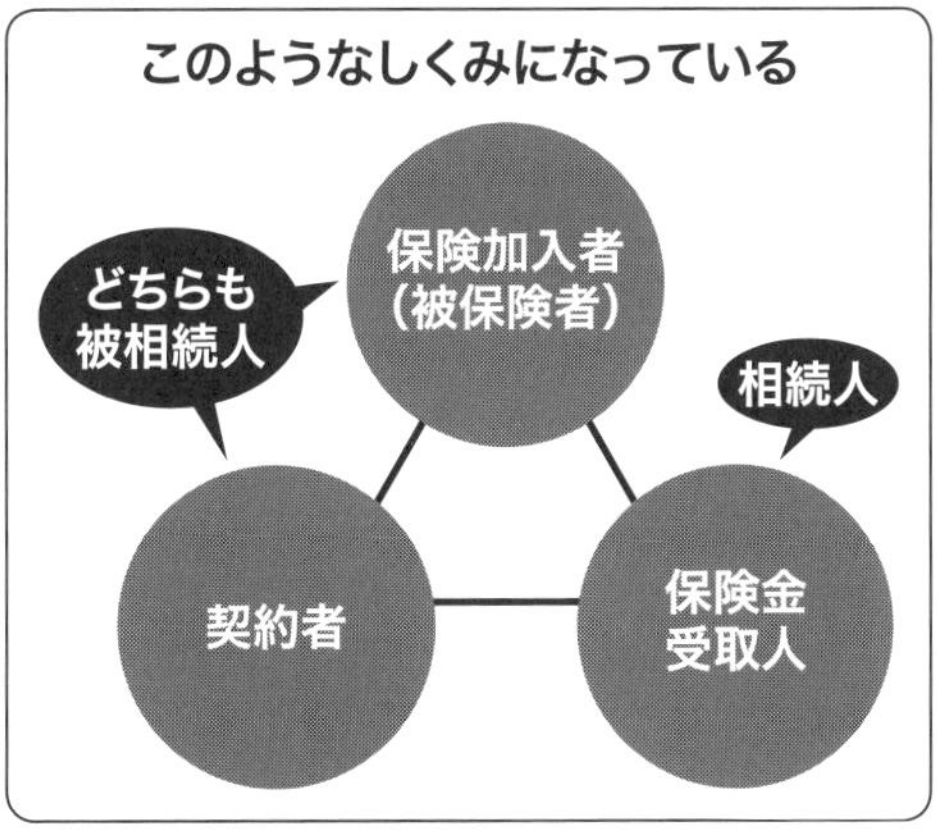
このようなしくみになっている
保険加入者
（被保険者）
どちらも
被相続人
相続人
契約者
保険金
受取人

たとえば死亡保険金が5000万円で
法定相続人が2人だとしたら…

500万円 × 2人 ＝ 1000万円が非課税分となる

5000万円から1000万円分が控除され、
残りの4000万円が課税対象となる

生命保険の保障金額を増やそうと思うんだが…
あら突然どうしたの？
一定の金額までは非課税となるから
相続税対策になるんだ

マイカーやリゾート会員権などの相続手続き

マイカーは名義変更か廃車を選択

故人名義のマイカーは、相続人に名義を変更するか、廃車にするかのいずれかの手続きを取ります。

名義変更は移転登録、廃車は抹消登録をすることになります。手続きは運輸支局か自動車検査登録事務所、いわゆる陸運支局で行います。

リゾートやゴルフ会員権は名義変更手続きを

一方、「預託金制」や「利用権制」などのリゾート会員権は、相続人の中から代表者を選び、名義変更手続きをすることになります。また、「共有制」のリゾート会員権の場合は、名義変更に加えて不動産の所有権移転登記もすることになります。リゾートの不動産（一部）を所有していることになっているからです。この不動産の「所有権移転登記」は、マイホームなどと同様の手続き（25ページ参照）になります。ゴルフ会員権も基本的にはリゾート会員権と同様の扱いです。

リゾート会員権、ゴルフ会員権とも可能であれば売却することもできます。

マイカーの名義変更に必要な書類

- 相続人全員の印鑑証明と戸籍謄本
- 被相続人の出生から死亡までの戸籍謄本
- 自動車税納税証明書
- 車検証・車庫証明
- 遺産分割協議書

Q 会員権の名義変更にはどれくらいの金額がかかるの？

A あるリゾートクラブは、共有制の場合は12万円強、預託金制の場合は20万円強というように、ある程度幅があります。
ゴルフ場の場合も相続による名義変更は比較的安価に設定されているのが一般的ですが、数十万〜数百万円というように、施設によってまちまちです。

氷

オヤジが残してくれたリゾート会員権をオレが相続したんだぜいつでも連れてきてやるからよ
キャーかっこいい

公共料金・不動産に関する手続き

■公共料金などのチェックリスト

- □電気
- □ガス
- □水道
- □NHK・ケーブルテレビなどの受信料
- □電話（固定電話・携帯電話）
- □インターネット
- □クレジットカード

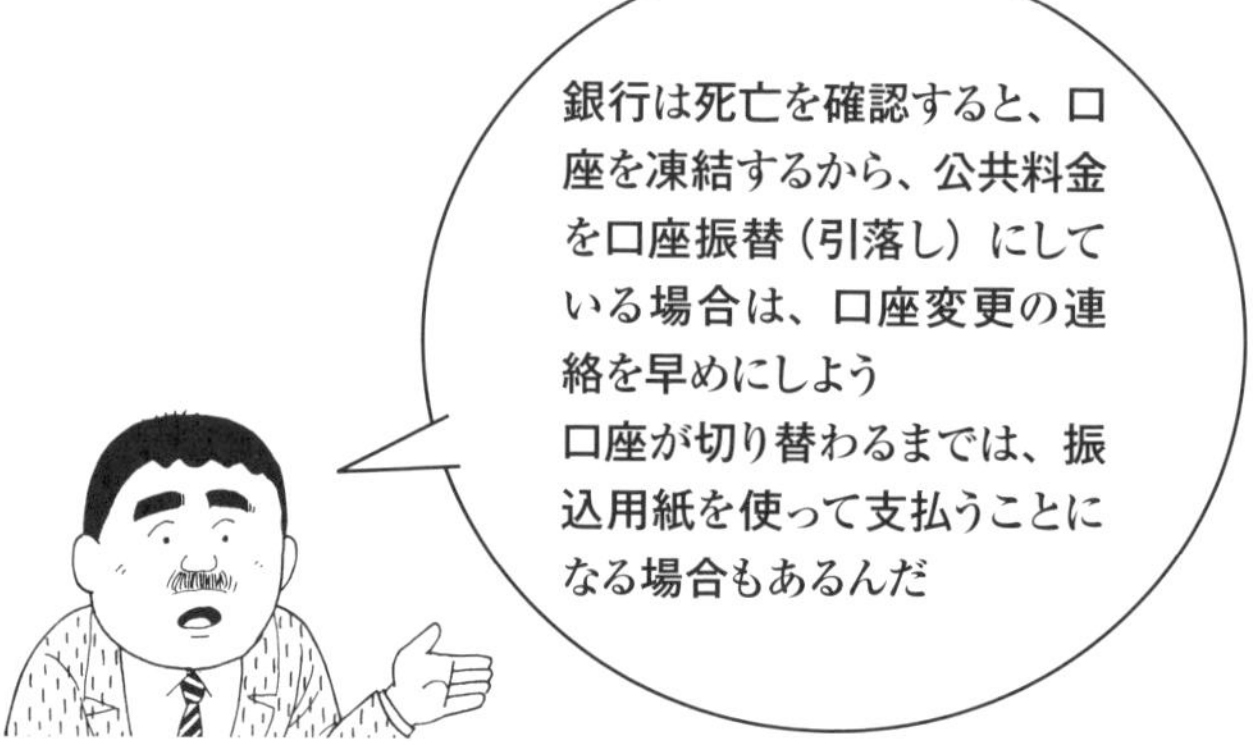
銀行は死亡を確認すると、口座を凍結するから、公共料金を口座振替（引落し）にしている場合は、口座変更の連絡を早めにしよう
口座が切り替わるまでは、振込用紙を使って支払うことになる場合もあるんだ

引落し口座の変更手続きを

電気・ガス・水道などの公共料金、電話料やＮＨＫの受信料の支払いなどが、金融機関の故人名義口座からの自動引落しになっている場合は、引落し口座の変更が必要になります。相続の手続きとは関係なく、電力会社やガス会社などに申し出て必要書類を受け取り、必要事項の記入や金融機関に届け出ている印鑑を押して返送すれば手続きは終了します。

故人の携帯電話やインターネットのプロバイダーなどとの契約は、引き継がないとなれば、解約手続きをしたほうがいいでしょう。

この家の名義はもう変更したんですか？
ええ 面倒な手続きは司法書士に依頼しました

借地や借家の扱い

故人が借地に住んでいたとしたら、賃貸借契約書などがあるはずです。相続人も引き続いて利用するということであれば、権利を引き継ぐことが可能です。もちろん、地主と一度話し合うことも必要でしょう。
故人が借地や借家として貸していた不動産も相続財産になります。

マイホームの権利証の確認を

相続財産の中で大きな比重を占めているのがマイホームです。まずは、登記済証（権利証）の存在を確認しましょう。法務局（登記所）はコンピューター化を進めており、「登記識別情報通知」になっている場合もあります。

もちろん、マイホームなどの不動産も基本的には相続人が相続し、「所有権移転登記」をするのが流れです。この所有権移転登記は必ずしなければならないというわけではありませんが、所有権者が故人のままでは、売却や抵当権の設定などはできません。

こんなとき、
どうする？

■葬儀後の手続きQ&A

Q1 金融機関は死亡と同時に、故人名義の口座を停止するの？

A 銀行や信用金庫、ゆうちょ銀行といった金融機関は、その人が死亡すると、故人名義の口座をいったん停止することになります。遺産保全のための措置、といっていいでしょう。ただし、市区町村役所などから死亡通知があるわけではなく、新聞や自社行員などからの情報によるのが一般的です。もちろん、相続手続きを行うことを申し出ると、それ以降、故人の口座は停止されます。

Q2 故人が利用していた銀行の貸金庫は、勝手に開けてもいい？

A 故人が利用していた貸金庫も、死亡確認と同時に閉鎖されます。預金通帳などが入っていれば、遺産の一部として相続人共有の扱いになるからです。貸金庫を開けるための手続きは、基本的に預貯金口座の停止を解除するための手続きと同じです。そもそも、金融機関によって貸金庫のサイズや利用方法が異なり、本人の鍵と金融機関の鍵がないと開けられないシステムになっていれば、相続人が勝手に開けることはできません。

Q3 故人が毎年確定申告をしていたのだけれど、死亡後はどうしたらいい？

A 基本的には、相続人が故人に代わって確定申告をすることになります。正式には「準確定申告」といい、相続の開始があったことを知った日の翌日から４か月以内に申告することになります。還付金の発生があれば受け取ることもできます。確定申告の時期は毎年、２月から３月にかけてです。したがって、死亡が１月から３月の場合は、前年の確定申告も必要になることがあります。

Q4 故人は生前「青色申告だ」といっていたけれど、相続と関係ある？

A 所得税の確定申告には「白色申告」と「青色申告」の２種類があります。医療費控除などで会社員が利用することが多いのは白色申告。帳簿の作成や保管などの義務を負う青色申告は、主に事業所得者が利用します。この青色申告は相続で引き継ぐことができないので、故人が営んでいた駐車場やアパート経営などを新たに引き継ぐ場合は、「所得税の青色申告承認申請書」を税務署に提出することになります。

第二章 保険・年金の手続き

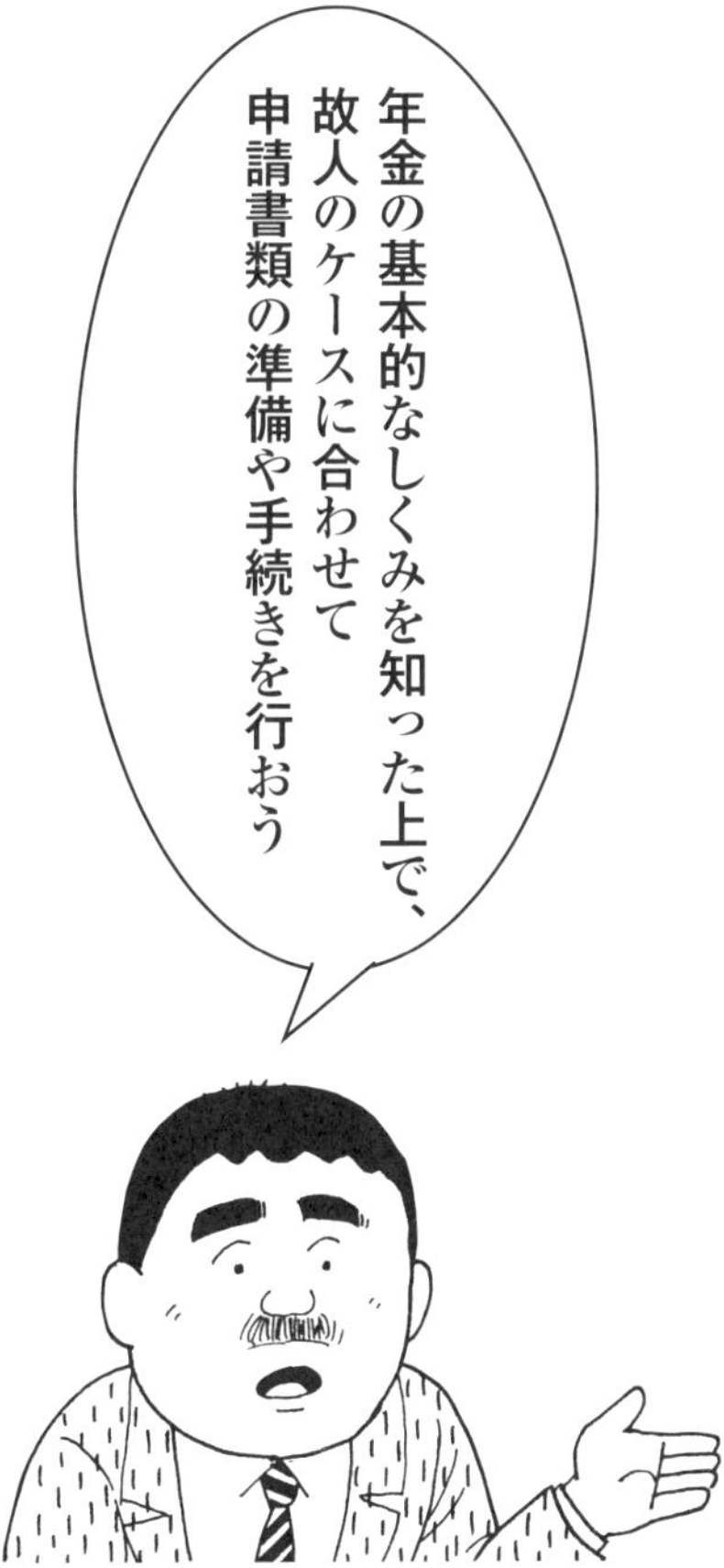
年金の基本的なしくみを知った上で、故人のケースに合わせて申請書類の準備や手続きを行おう

年金の基本的なしくみ

■わが国の年金制度の基本

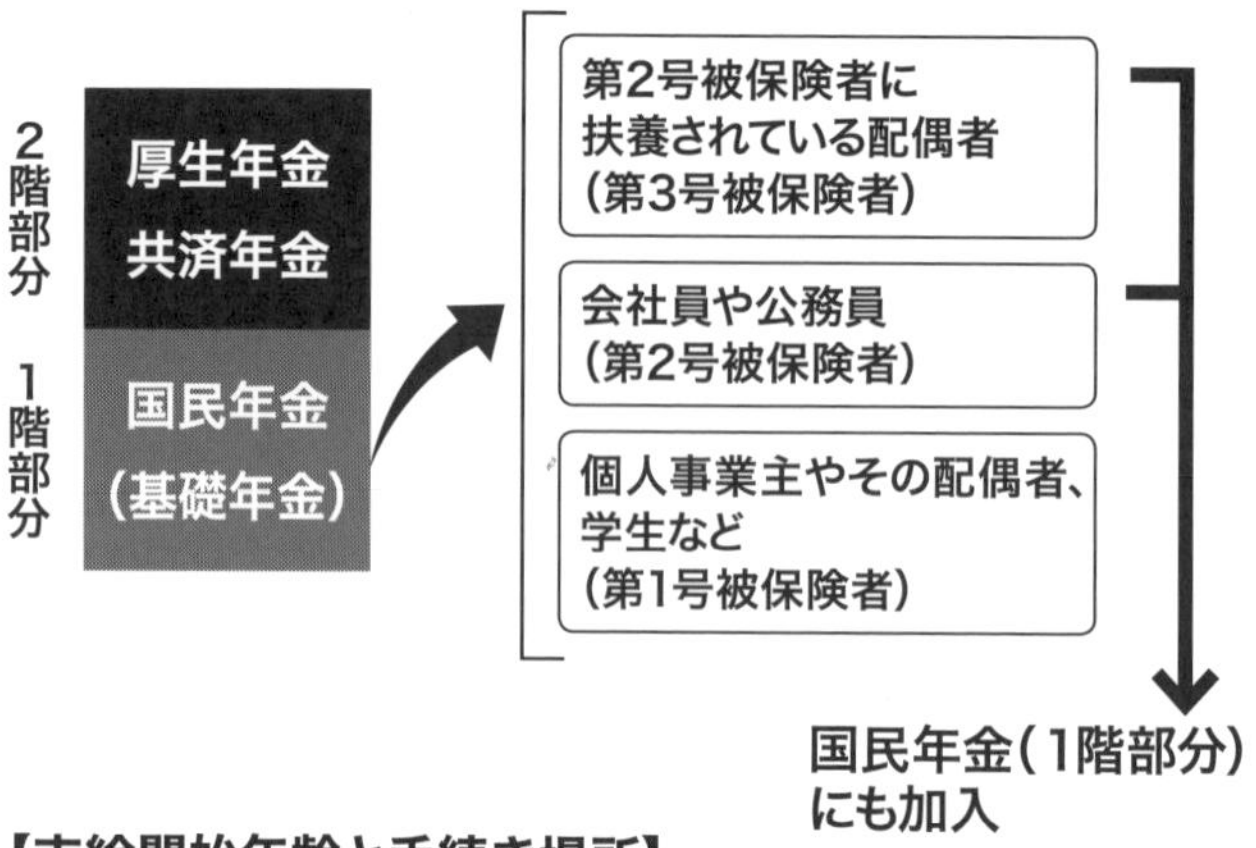
2階部分
1階部分
厚生年金
共済年金
国民年金
（基礎年金）
第2号被保険者に
扶養されている配偶者
（第3号被保険者）
会社員や公務員
（第2号被保険者）
個人事業主やその配偶者、
学生など
（第1号被保険者）
国民年金（1階部分）
にも加入

【支給開始年齢と手続き場所】

保険の種類	支給開始年齢	手続き場所
国民年金 （老齢基礎年金）	原則として 65歳から	市区町村役所
厚生年金 （老齢厚生年金）	60歳から可能だが 65歳に移行中	年金事務所
共済年金 （退職共済年金）	60歳から可能だが 65歳に移行中	各共済組合

故人が年金受給者なら速やかに停止手続きを

日本の年金は、基本的には2階建て構造です。1階部分は国民年金のみの加入者。2階部分の厚生年金や共済年金の加入者は、自動的に1階部分にも加入しています。

亡くなった人が年金受給者なら、速やかに年金受給の停止手続きをします。年金は2か月に1回の支給のため、未払いが発生するのが一般的で、未払いの給付請求もあわせて行います。要件を満たしている遺族が受給できるのは、遺族基礎年金や遺族厚生年金が中心になりますが、寡婦年金、死亡一時金といった場合もあります。

■年金加入者が受給前に亡くなった場合

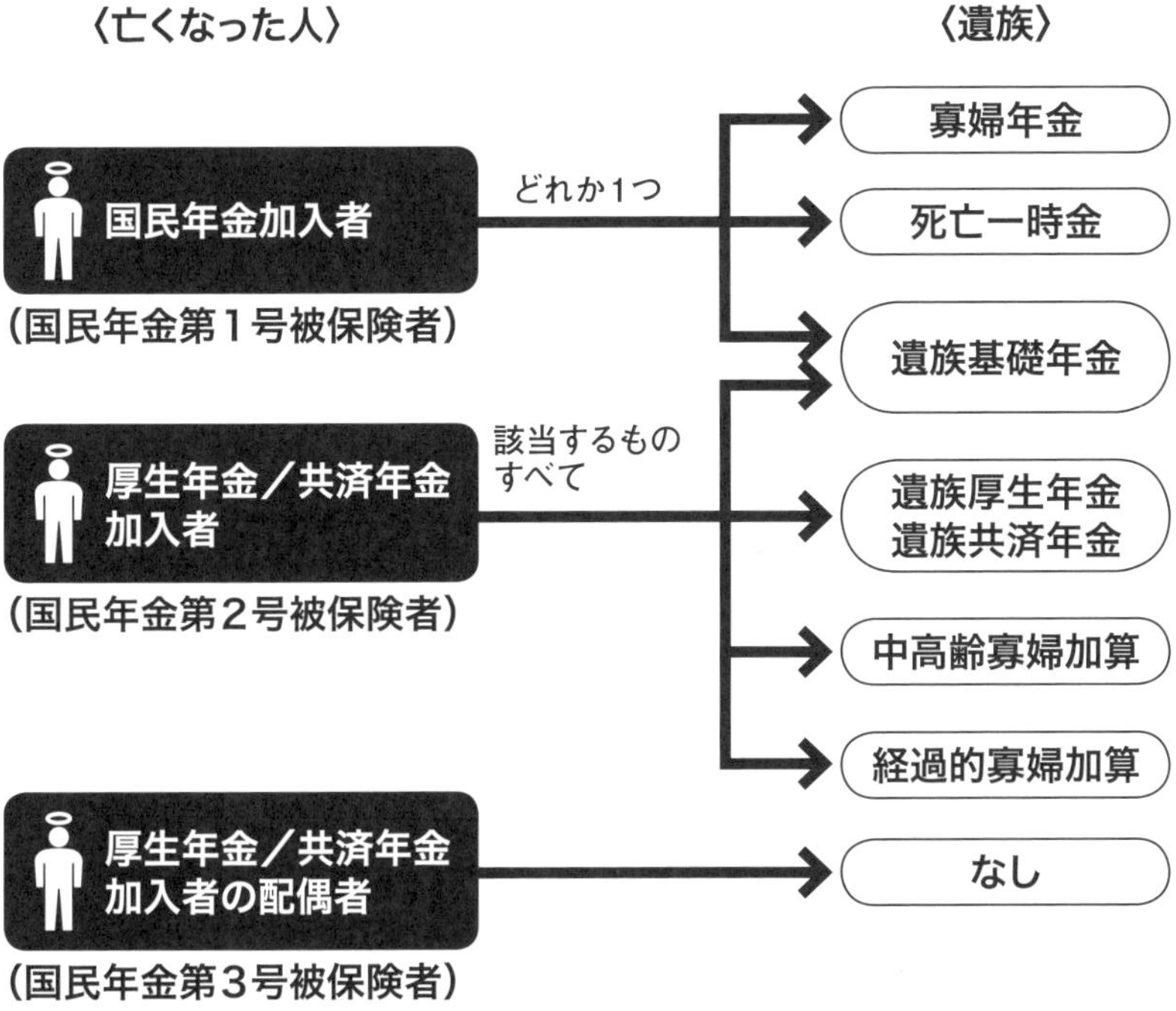
〈亡くなった人〉
〈遺族〉
国民年金加入者
(国民年金第1号被保険者)
どれか1つ
寡婦年金
死亡一時金
遺族基礎年金
厚生年金／共済年金加入者
(国民年金第2号被保険者)
該当するものすべて
遺族厚生年金
遺族共済年金
中高齢寡婦加算
経過的寡婦加算
厚生年金／共済年金加入者の配偶者
(国民年金第3号被保険者)
なし

■年金受給者が亡くなった場合

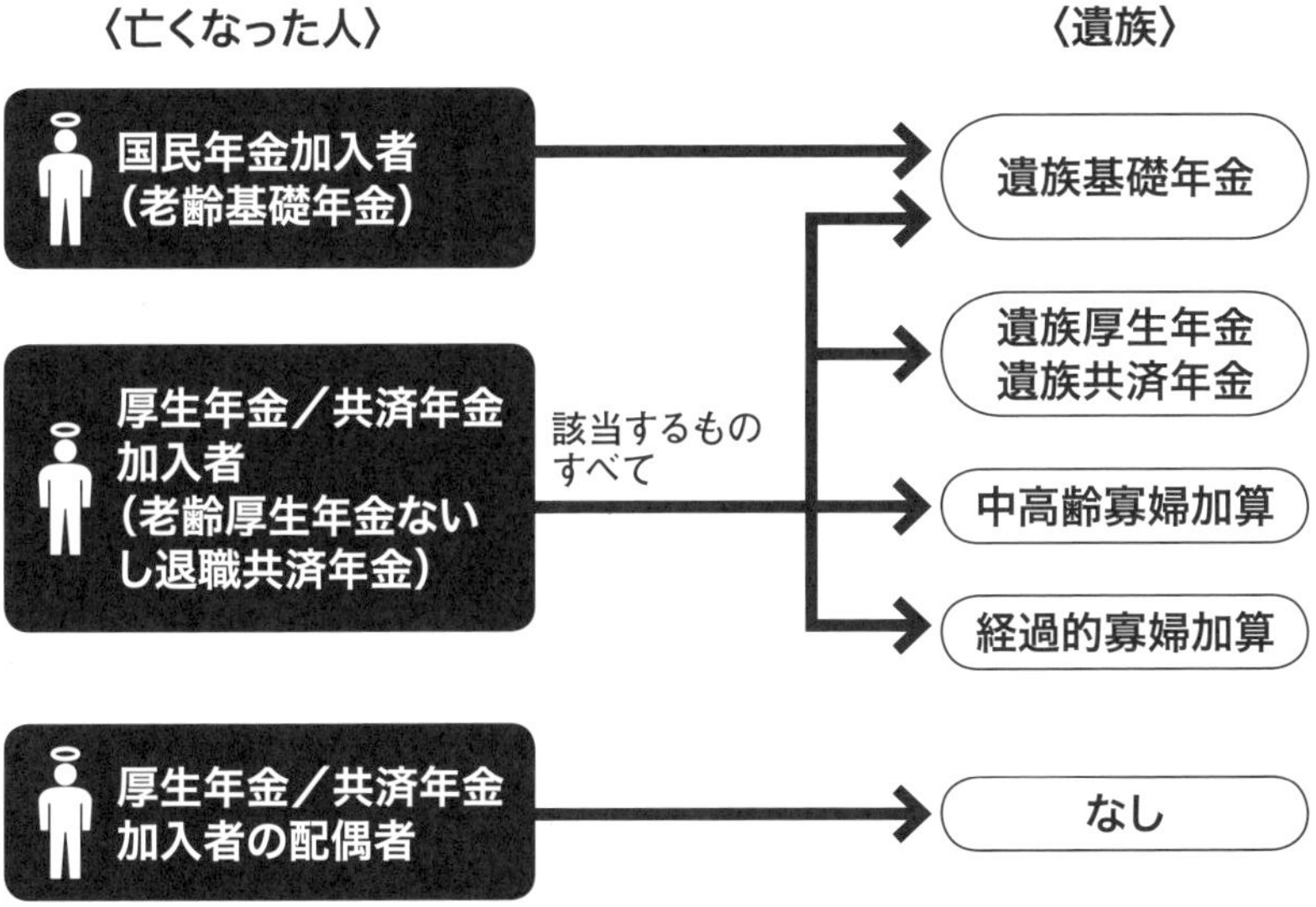
〈亡くなった人〉
〈遺族〉
国民年金加入者
(老齢基礎年金)
遺族基礎年金
厚生年金／共済年金加入者
(老齢厚生年金ないし退職共済年金)
該当するものすべて
遺族厚生年金
遺族共済年金
中高齢寡婦加算
経過的寡婦加算
厚生年金／共済年金加入者の配偶者
なし

遺族が受給できる年金は？

■故人が国民年金のみの加入者だった場合

遺族基礎年金の支給は受けられる？

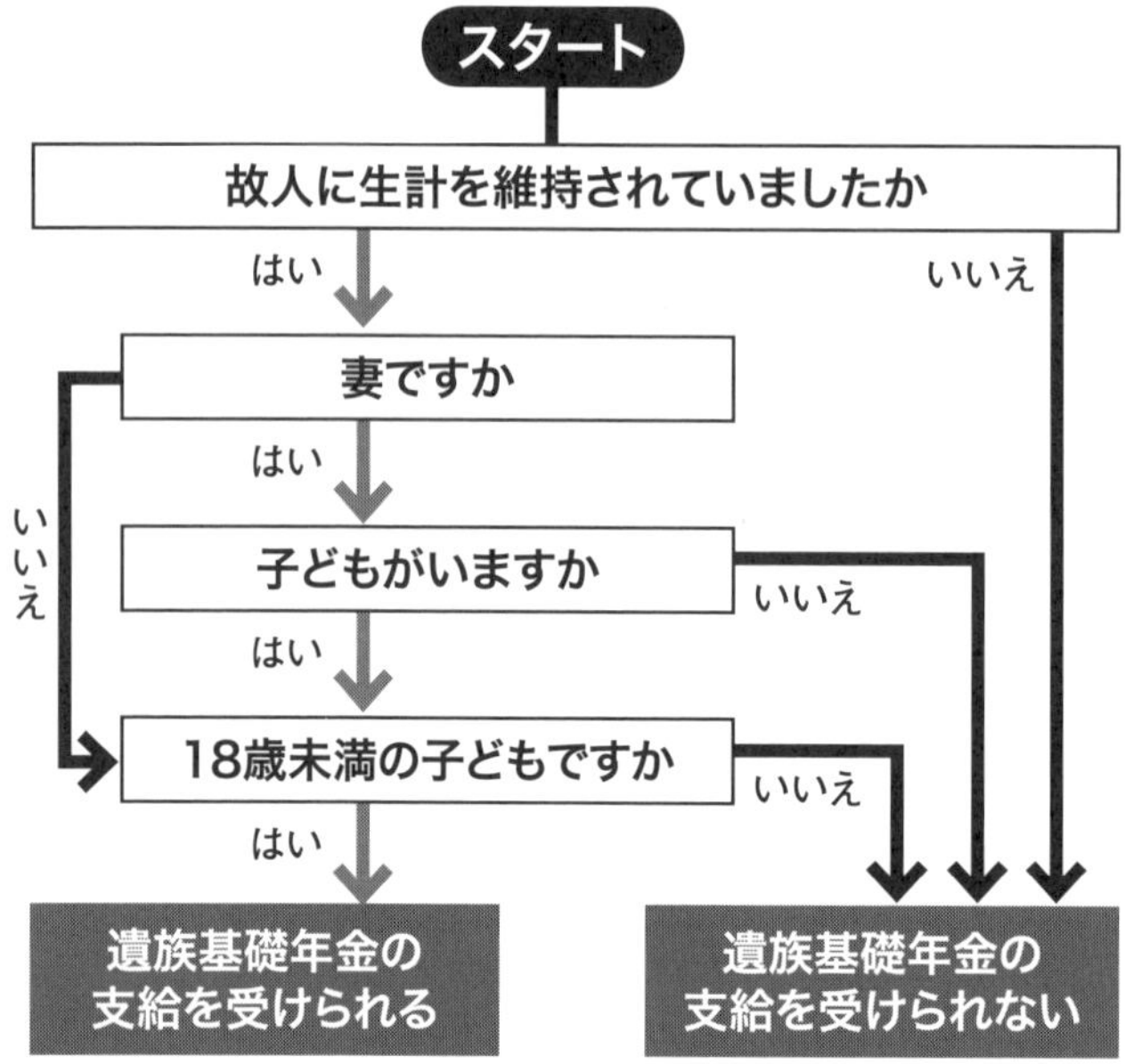
スタート
故人に生計を維持されていましたか
はい
いいえ
妻ですか
はい
いいえ
子どもがいますか
いいえ
はい
18歳未満の子どもですか
いいえ
はい
遺族基礎年金の支給を受けられる
遺族基礎年金の支給を受けられない

※18歳未満とは、18歳の誕生日後、最初の年度末（３月31日）まで。
※１・２級の心身障害者の場合は20歳未満まで。

引き継げることを前提に！

原則として、国内に住んでいる20歳以上の人は、年金に加入し保険料を支払っているか、年金の支給を受けています。

そして、多くの遺族は、故人の年金を引き継ぐ形で受給することができます。故人が国民年金のみの加入者か、厚生年金や共済年金の加入者かはもとより、故人と遺族の続柄や年齢などの条件によって異なりますが、問い合わせるなり届け出をしてみるのもいいでしょう。権利があっても、届け出をしなければ故人の年金を引き継ぐことはできません。

■故人が厚生年金加入者だった場合

遺族厚生年金の支給は受けられる？

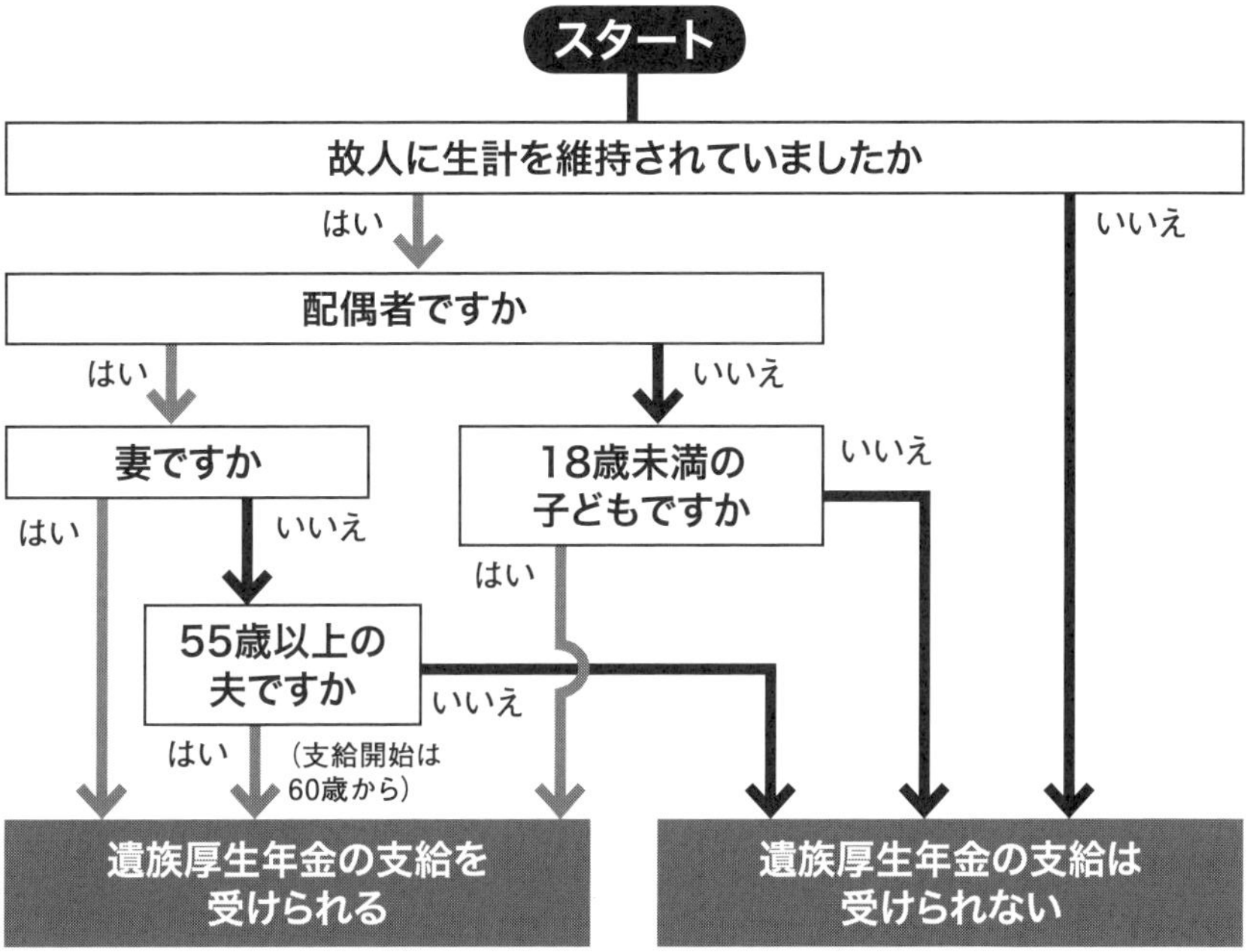
スタート
故人に生計を維持されていましたか
はい
いいえ
配偶者ですか
はい
いいえ
妻ですか
はい
いいえ
18歳未満の子どもですか
いいえ
はい
55歳以上の夫ですか
いいえ
はい
（支給開始は60歳から）
遺族厚生年金の支給を受けられる
遺族厚生年金の支給は受けられない

※18歳未満の子どものいる妻は、遺族基礎年金もあわせて受けられる。

※孫、父母、祖父母が受給権者になる場合も。

公的年金制度は…
えっ 何の話だっけ？
何ボンヤリしているんだ 遺族年金の話だろ
ちゃんと話を聞け！
届け出をしなければもらえるものももらえないんだって今言っただろ！
そ そうでした！

年金加入中に亡くなった場合

■国民年金の受給前に死亡した場合

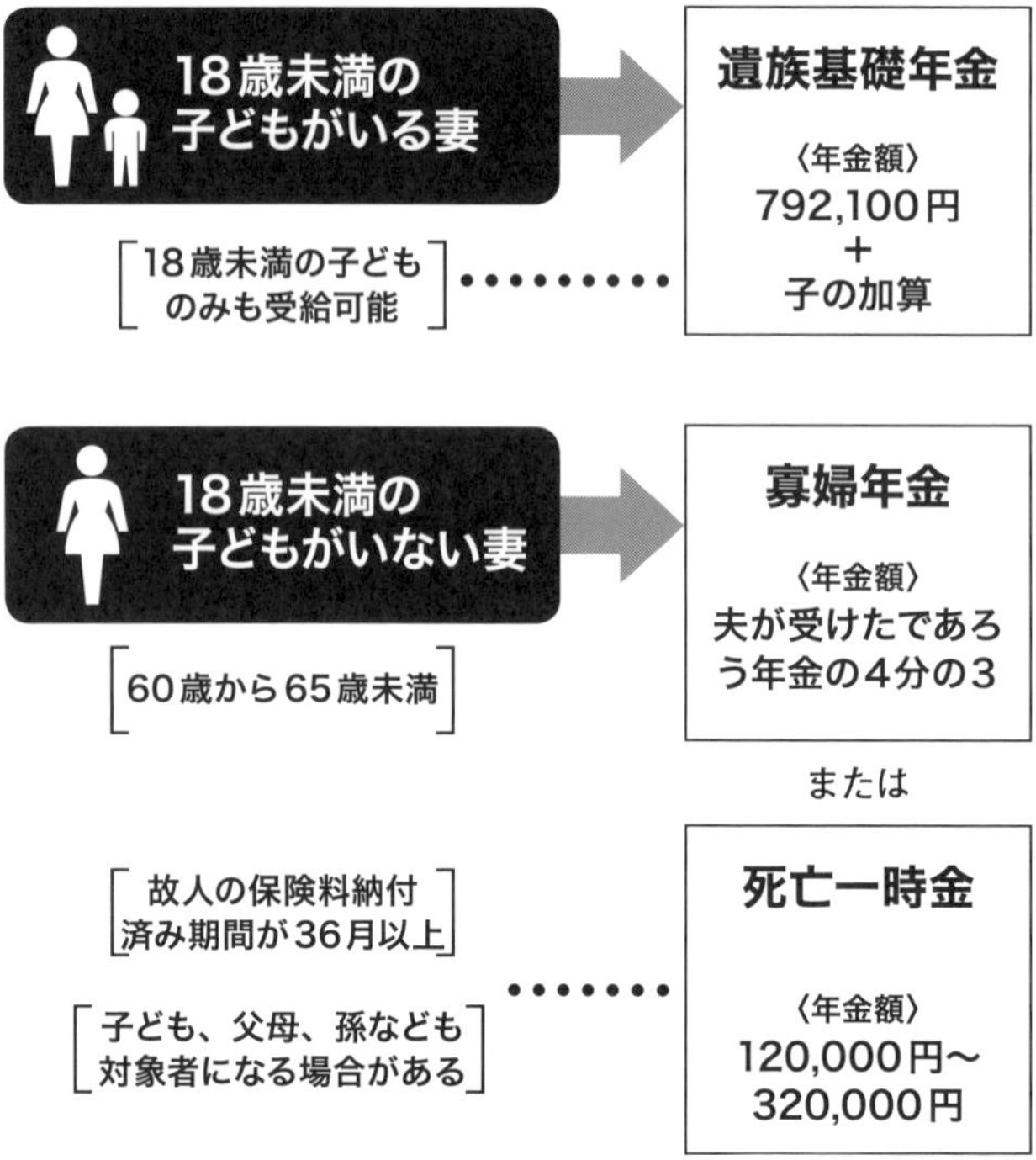
18歳未満の子どもがいる妻
遺族基礎年金
〈年金額〉
792,100円
＋
子の加算
18歳未満の子どものみも受給可能
18歳未満の子どもがいない妻
寡婦年金
〈年金額〉
夫が受けたであろう年金の4分の3
60歳から65歳未満
または
死亡一時金
故人の保険料納付済み期間が36月以上
子ども、父母、孫なども対象者になる場合がある
〈年金額〉
120,000円～
320,000円

※それぞれに支給要件を満たす必要がある。

申請書類の提出が必須！

国民年金や厚生年金の加入者（被保険者）が亡くなった場合、一定の要件を満たしていれば、その遺族は遺族基礎年金や遺族厚生年金などの支給を受けられます。とくに、18歳未満の子ども（1・2級の心身障害者の場合20歳未満）がいる妻で、夫が厚生年金加入者の場合は、遺族厚生年金と遺族基礎年金が受給できます。保険料の納付済み期間が短い場合でも、36月以上であれば死亡一時金の支給があります。年金は申請主義。必ず市区町村役所や年金事務所に申請書類を提出しましょう。

■厚生年金の受給前に死亡した場合

18歳未満の子どもがいる妻 → 遺族基礎年金
　　　　　　　　　　　　　　 → 遺族厚生年金

［55歳以上の夫や父母、孫などが遺族厚生年金の受給対象者になる場合もある］……遺族厚生年金〈年金額〉それぞれ異なる

18歳未満の子どもがいない妻 → 遺族厚生年金

［40歳以上65歳未満の場合は年額60万円弱加算］……中高齢寡婦加算

［昭和31年4月1日以前に生まれた妻で65歳に達したら］……経過的寡婦加算

※遺族基礎年金と同様に、故人の保険料の納付期間など要件がある。

ご主人の死亡時に妊娠中であれば
遺族基礎年金や遺族厚生年金の支給が受けられるのです
対象は18歳未満の子どもだけではないのね
万一のことまで考えておかなきゃね
そのときはきちんと役所に申請しなくちゃね
問合せ先は市区町村役所や
年金事務所ですよ

年金受給者が亡くなった場合

■遺族基礎年金や遺族厚生年金の受給までの流れ

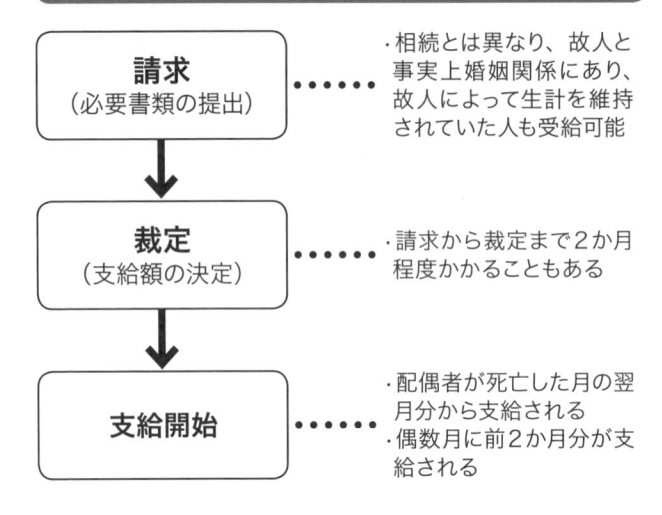

請求
（必要書類の提出）
……・相続とは異なり、故人と事実上婚姻関係にあり、故人によって生計を維持されていた人も受給可能

↓

裁定
（支給額の決定）
……・請求から裁定まで2か月程度かかることもある

↓

支給開始
……・配偶者が死亡した月の翌月分から支給される
・偶数月に前2か月分が支給される

Q 未支給の年金を受け取れる遺族の順位は？

A 「故人と生計を同じくしていた同居人」の中での受け取り順位は以下のようになります。

1、配偶者
2、子
3、父母
4、孫
5、祖父母
6、兄弟姉妹

給付停止の手続きを行う

すでに年金を受給している人が亡くなった場合は、給付停止手続きをします。その際、未支給分があれば請求することになります。また、遺族が故人の年金を引き継ぐ形になる場合、「請求→裁定→支給開始」という一連の流れや手続きは、基本的には年金加入途中で亡くなったときと同じですが、これらの諸手続きは同時に行うことになります。遺族基礎年金や遺族厚生年金の受給は、故人と生計を同じくしていた同居人（事実婚）にも認められます。そこが相続とは異なる点です。

■年金受給者が死亡したとき

手続きの際、以下の書類の届け出が必要になります。

年金受給権者死亡届や年金受給権消滅届書 ……… 年金受給者の死亡を連絡し、給付を停止する

未支給年金・保険給付請求書や支払未済給付請求書 ……… 故人への年金支給で未払い分がある場合

国民年金・厚生年金保険・船員保険遺族給付裁定請求書や遺族年金決定請求書 ……… 年金額を確定

年金受給選択申出書 ……… 年金の種類によっては２つ以上の年金を受給できるので併給を調整

同時に添付書類を提出

「全部事項証明」の戸籍謄本や「死亡届書の記載事項証明書」などの添付書類が必要。死亡届書の記載事項証明書は、死亡後１か月程度は市区町村役所で交付を受けるが、それ以降は法務局が窓口に。

届け出書類の名称は、国民年金・厚生年金・共済年金などの年金の種類によって異なるのです

仕事中や通勤途中で亡くなった場合

■遺族補償年金や遺族年金の受給資格者がいない場合

業務中に亡くなったとき	通勤途上で亡くなったとき
↓	↓
葬祭料	葬祭給付
・遺族補償一時金 ・遺族特別支給金 ・遺族特別一時金	・遺族一時金 ・遺族特別支給金 ・遺族特別一時金
↓	↓

配偶者、故人が生計を維持していた子・父母・孫などが受給対象

労災保険から給付金が支給される

会社勤めの人が業務中や通勤途上で亡くなった場合、遺族には労働者災害補償保険、いわゆる労災保険から給付金が支給されます。

給付には年金と一時金の2種類があります。葬祭を執り行う人には、「葬祭料」や「葬祭給付」といった名目の支給もあります。

会社勤めの人の場合は、正社員に限らず、パートやアルバイトなども含まれます。「亡くなった当時、その人の収入によって生計を維持していた」ことが受給要件になりますが、共働きの場合でも受給が可能です。

■遺族補償年金や遺族年金の受給資格者がいる場合

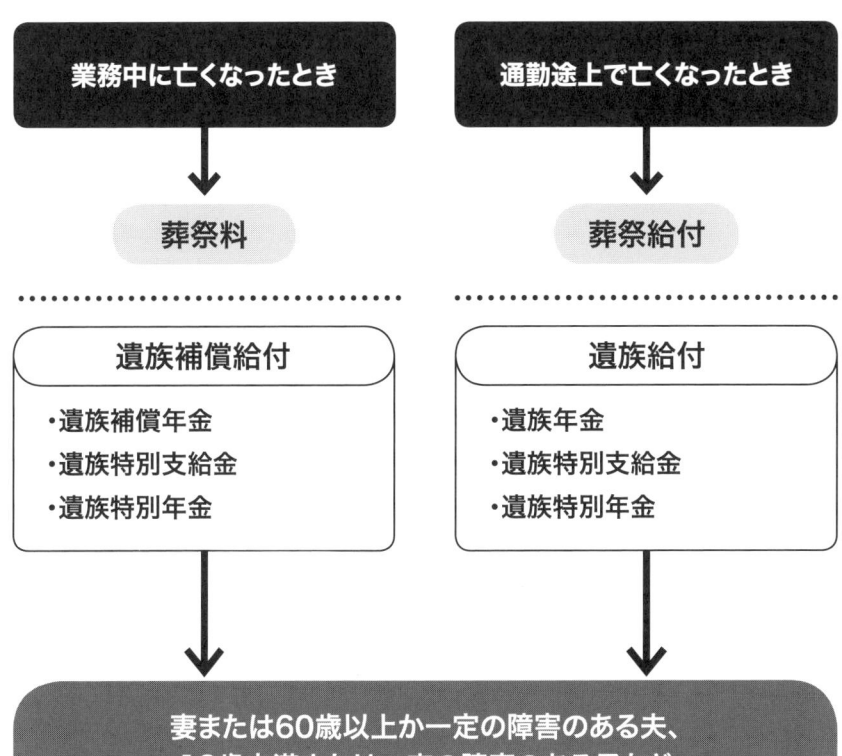

業務中に亡くなったとき	通勤途上で亡くなったとき
↓	↓
葬祭料	葬祭給付
遺族補償給付	**遺族給付**
・遺族補償年金 ・遺族特別支給金 ・遺族特別年金	・遺族年金 ・遺族特別支給金 ・遺族特別年金
↓	↓

妻または60歳以上か一定の障害のある夫、
18歳未満または一定の障害のある子など

また、夫・子・父母・孫・祖父母・兄弟姉妹が支給対象になるケースもあります。請求先は勤務していた事業所を管轄する労働基準監督署。請求期限は、亡くなった日の翌日から5年となります。

葬祭料の支給対象は、必ずしも遺族とは限らないぞ。
たとえば、社葬の場合は、葬祭を行った会社に支給されるんだ

こんなとき、どうする？

■保険・年金の手続き Q&A

Q1 遺族年金の支給の際に「死亡に関する記載事項証明書」が必要と言われましたが…。これってどんなもの？

A 死亡届（死亡診断書）をさしているといっていいでしょう。役所は死亡届の提出を受けて、「死亡届に記載があることを証明する」という書類も添付して処理します。それが「死亡届出書の記載事項証明書」です。ただし、その保管は1か月程度。その期間が過ぎると法務局に出向いて発行してもらわなければなりません。葬儀後の早いうちに市区町村役所で発行してもらうほうが時間の節約になることが多いはずです。

Q2 夫の死亡で遺族年金（遺族厚生年金・遺族基礎年金）を受け取ることになるけれど、実際はどの程度の支給額になるの？

A ケースバイケースなので一概に断定できませんが、専業主婦だった高齢の方が、ご主人が生存中に支給を受けていた金額のおよそ60%を遺族年金として支給されているという事例を見かけます。専業主婦の場合、夫が定年退職になると第1号被保険者として国民年金に加入することになりますが、その期間の長短によっても支給額は異なってきます。

Q3 ニュースで大きく報道された、年金形式で受け取る「生命保険金に対する所得税の課税の取消し」ってどんなものなの？

A いわゆる「二重課税」問題です。保険金を分割して受け取る年金払い型の生命保険には、所得税と相続税の両方が課せられていました。しかし、2010年7月6日、最高裁判所は「支給額のうち相続税の課税対象となった部分については、所得税の課税対象とならない」との判決を下しました。税務当局は、受給権（年金で受け取る権利）については相続税、実際に年金として受け取る毎年の保険金には所得税を課していました。

Q4 最高裁の二重課税取り消しで、実際には所得税は還付されるのでしょうか？

A 最高裁判所の判決を受けて、国（税務署）は、取りすぎた税金の還付を開始しています。したがって、平成17年分から21年分までの各年分について、所得税を納めすぎになっている場合は、「更正の請求」や「確定申告」などの手続きをすることで所得税の還付を受けられます。平成12年分から16年分についても措置が実行される予定です。詳しくは、税務署に問い合わせるか、国税庁のホームページを参照してください。

第三章

遺言書がある相続、遺言書がない相続

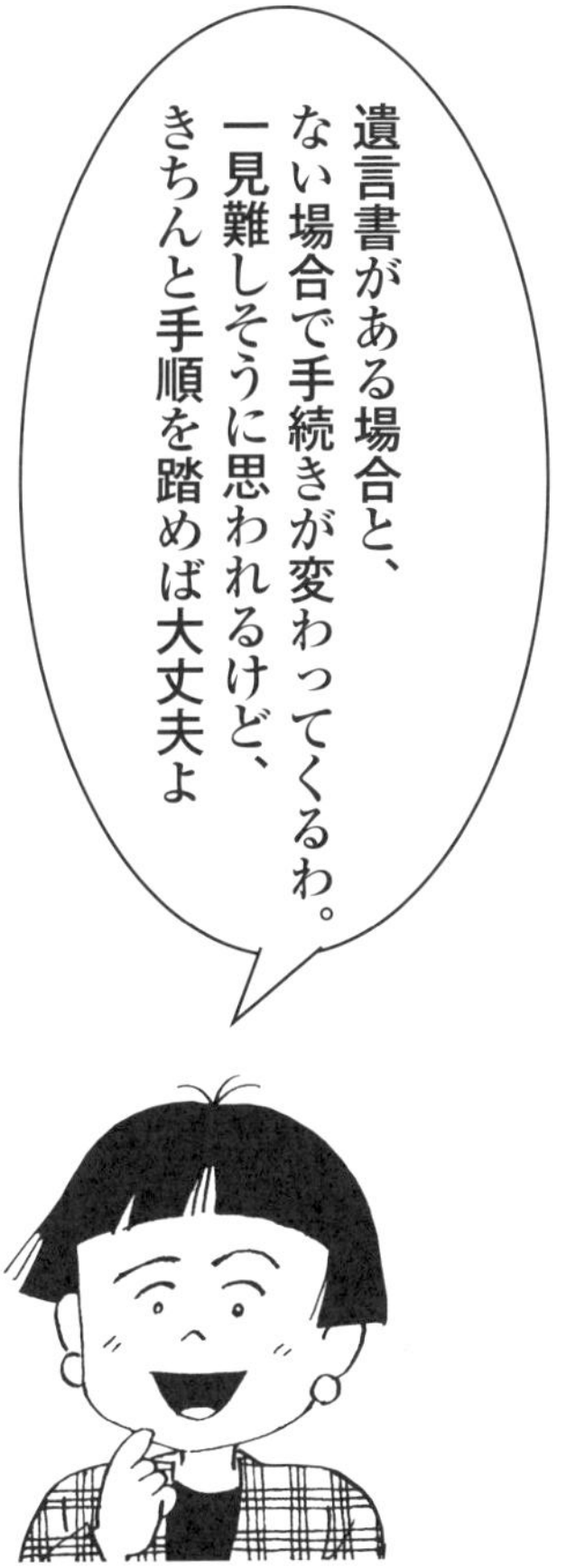
遺言書がある場合と、
ない場合で手続きが変わってくるわ。
一見難しそうに思われるけど、
きちんと手順を踏めば大丈夫よ

相続のスケジュール

相続開始 → 相続放棄・限定承認（3か月以内）

相続財産より借金が多いと思われる場合

借金のほうが多ければ、相続そのものを放棄する（相続放棄）か、相続財産の範囲に限って借金を引き継ぐ（限定承認）かの判断が急がれる。受取人指定の生命保険や死亡退職金は、相続を放棄しても受け取り可能

ゆかりのある人（被相続人）の死亡をもって相続開始となるんだ

相続するときは故人の財産だけでなく
借金も引き継ぐことになってしまうのです

ガァーン

4か月以内

故人の準確定申告

故人が所得税の確定申告をしていた場合

故人に代わって1月1日から死亡日までの確定申告（準確定申告）を行う

10か月以内

相続税の申告・納税

相続税がかからない場合は原則的に申告は不必要

相続税がゼロでも「小規模宅地等の評価減の特例」や「配偶者控除」を活用する場合は要申告

小規模宅地等の評価減の特例とは、遺産に居住として使われていた宅地等が含まれている場合は、その評価額を減額するという特例のこと

1年以内

遺留分減殺請求

遺言書の配分が法定相続分と異なる場合

- 法定相続人は最低限の相続分（遺留分）を主張できる権利がある
- 家庭裁判所に調停の申し立てを行うことも可能

妻と子ども２人の計３人が相続人なら、8000万円以内が無税の目安だ
遺言書が絶対だとしたら
相続人の間でトラブルになる場合もあるからな
必ず遺言書どおりにしなくてはならないというわけでもないんだね
そのとおりです　それにもし遺言書があっても　なくても　話し合いで自由に分けることができるんです

相続手続きの前に押さえておきたいポイント①

■相続の基本中の基本

故人＝「被相続人」
遺産などを引き継ぐ人＝「相続人」

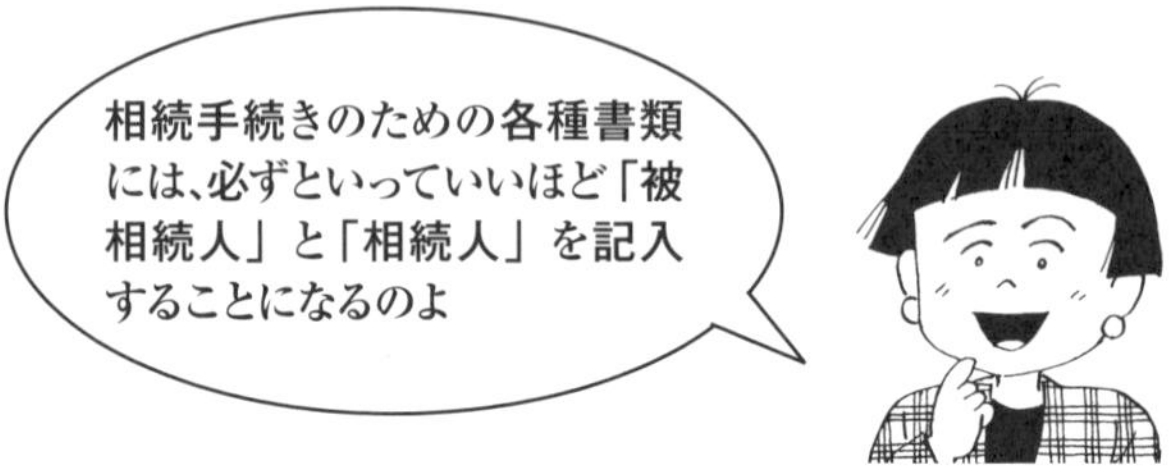
相続手続きのための各種書類には、必ずといっていいほど「被相続人」と「相続人」を記入することになるのよ

■相続手続きの方法

①遺産分割協議書も遺言書もない相続
②遺産分割協議書による相続
③遺言書による相続
④裁判所による遺産分割審判
⑤限定承認または相続放棄

「被相続人」「法定相続人」とは？

「相続」というと、手続きや用語が難しく見えるものです。相続では、故人を「被相続人」、遺産などを引き継ぐ人を「相続人」と呼びます。法律では、相続する権利を有する人を「法定相続人」といい、配偶者や子どもなど、それぞれの相続分（法定相続分）を定めています。もちろん、法定相続人全員が話し合って遺産分割を決めることもできます（遺産分割協議）。遺言による相続では、特定の法定相続人に手厚く配分することや、法定相続人以外の人にも遺産を受け継がせることも可能です。

■知っておきたい相続の基本

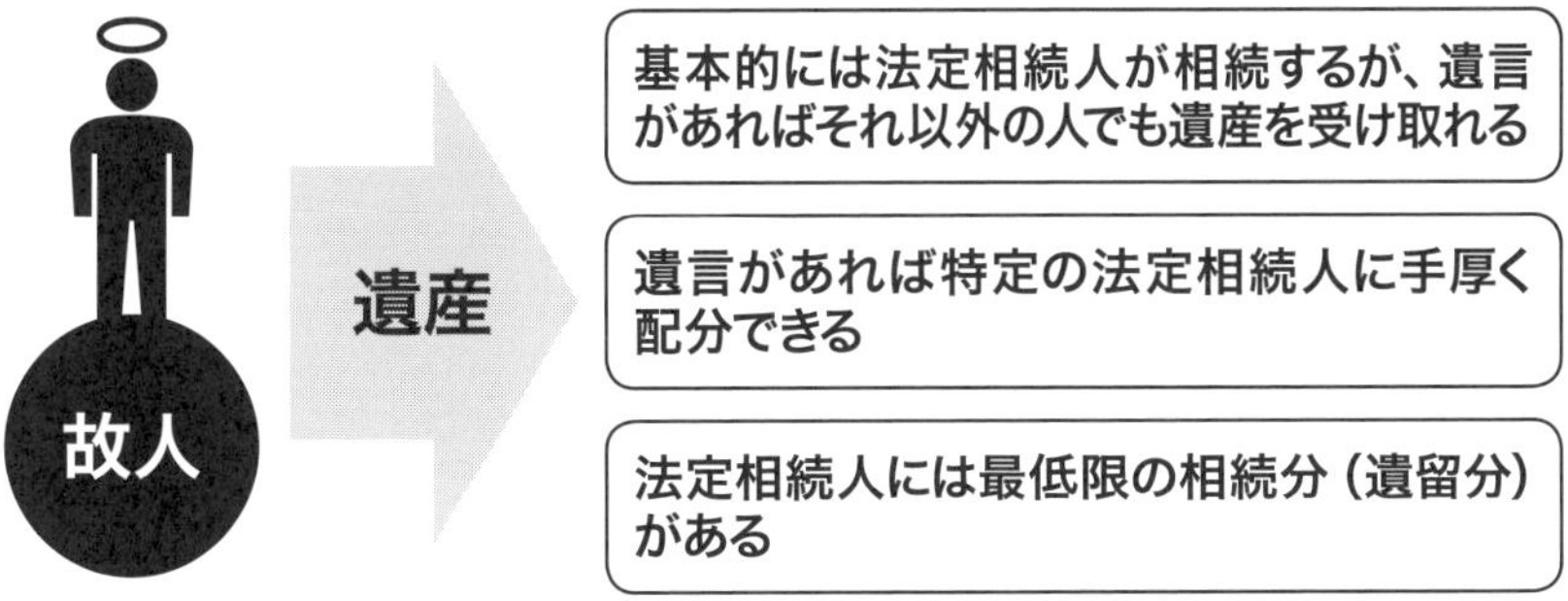
故人
遺産
基本的には法定相続人が相続するが、遺言があればそれ以外の人でも遺産を受け取れる
遺言があれば特定の法定相続人に手厚く配分できる
法定相続人には最低限の相続分（遺留分）がある

相続というと財産をめぐってトラブルになりがちだよね
当事者同士が話し合って合意できれば一番いいけれど現実的にはなかなかそううまいこといかないもんね
……………
ねー メガネさん そうでしょう
そんなことオレに突然言われてもなぁ

相続手続きの前に押さえておきたいポイント②

亡くなったお母さんの遺言書はあるのかね
遺言書ですか…とくにそういったものは…
遺言書がなければ
妹さんと分割協議をしなくてはね

相続の具体的な方法は？

相続の方法は、実際には「遺言書による相続」と「遺産分割協議による相続」に大別できます。

遺言による相続では、遺言書の種類によって、手続きが異なります（53ページ）。また、遺言で分割割合が指定されている場合でも、法定相続人には最低限の相続分が認められており、それを「遺留分」といいます。遺留分の侵害がある場合は「遺留分減殺請求」をすることができます。

解決しなければならない問題点を確認する

遺産分割協議による相続は、法定相続人同士の仲がよく、遺産分割の話し合いが容易にまとまるようであれば問題はありません。すぐにでも相続手続きを済ませることも可能です。ただし、遺産分割協議がなかなか成立しないこともあるものです。

相続税の申告・納付は、相続開始から10か月以内に行います。

まずは、左記のチャートを参考に、相続手続きをどう進めていくべきか確認しましょう。

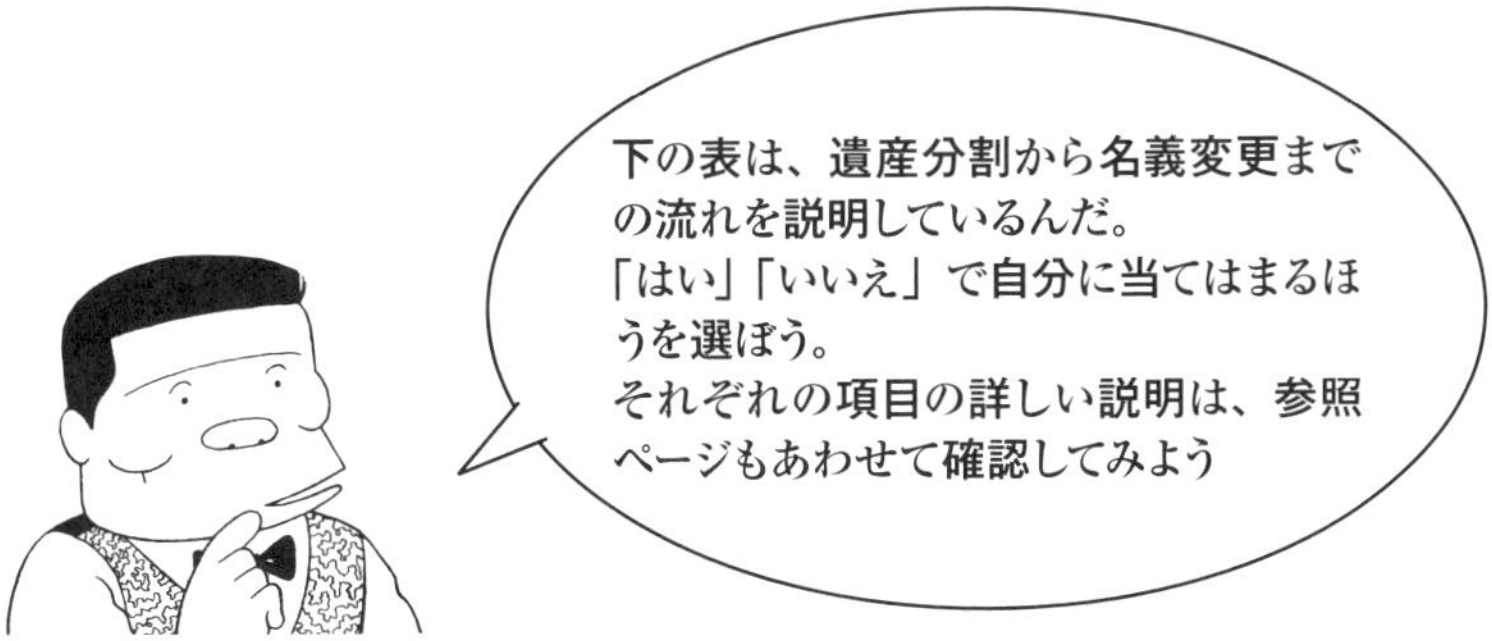
下の表は、遺産分割から名義変更までの流れを説明しているんだ。
「はい」「いいえ」で自分に当てはまるほうを選ぼう。
それぞれの項目の詳しい説明は、参照ページもあわせて確認してみよう

■遺産分割・名義変更までの流れ

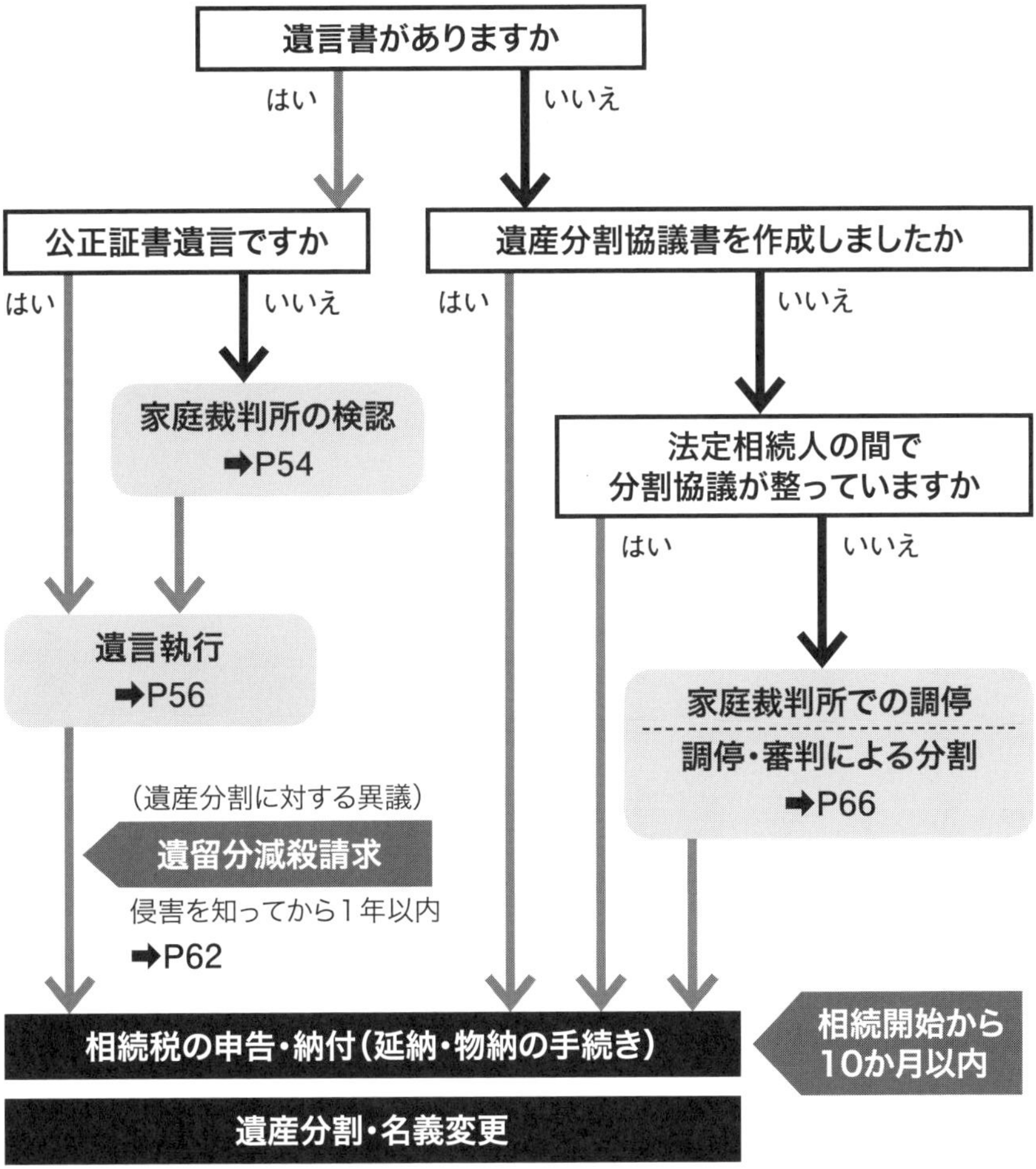
遺言書がありますか
はい
いいえ
公正証書遺言ですか
はい
いいえ
家庭裁判所の検認
➡P54
遺言執行
➡P56
（遺産分割に対する異議）
遺留分減殺請求
侵害を知ってから1年以内
➡P62
遺産分割協議書を作成しましたか
はい
いいえ
法定相続人の間で
分割協議が整っていますか
はい
いいえ
家庭裁判所での調停
調停・審判による分割
➡P66
相続税の申告・納付（延納・物納の手続き）
相続開始から
10か月以内
遺産分割・名義変更

相続順位の確認と相続できる人、できない人

■相続人は誰？

配偶者は常に相続人となります。

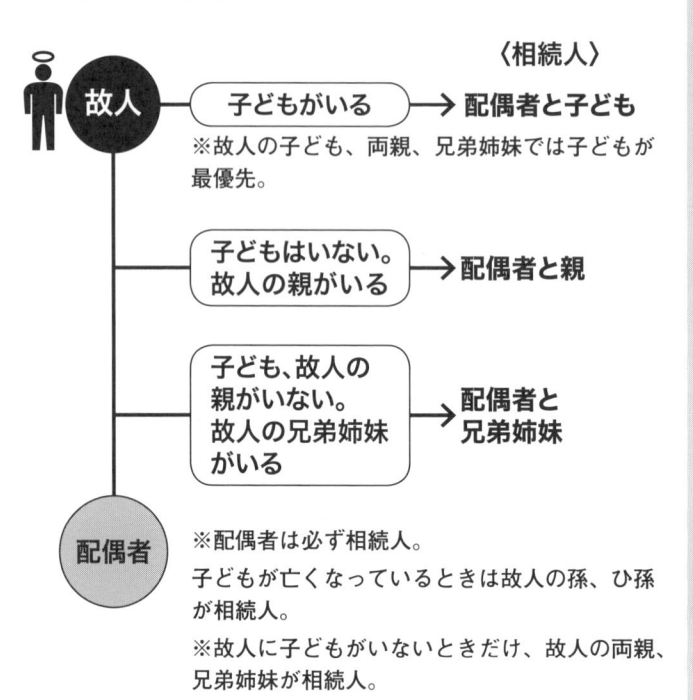

〈相続人〉

故人 ― 子どもがいる → 配偶者と子ども

※故人の子ども、両親、兄弟姉妹では子どもが最優先。

子どもはいない。故人の親がいる → 配偶者と親

子ども、故人の親がいない。故人の兄弟姉妹がいる → 配偶者と兄弟姉妹

配偶者

※配偶者は必ず相続人。

子どもが亡くなっているときは故人の孫、ひ孫が相続人。

※故人に子どもがいないときだけ、故人の両親、兄弟姉妹が相続人。

相続人の優先順位は？

遺言書での指定がなければ、相続できる人は法律のルールに従うことになります。

最優先の相続人は配偶者であり、子どもも必ず相続人になります。

つまり、配偶者と子どもが相続人となるのが基本で、子どもが先に亡くなっていれば、孫やひ孫が子どもに代わって相続人（代襲相続）になります。

子どもがいなければ、相続人は配偶者と故人の両親、あるいは配偶者と故人の兄弟姉妹という組み合わせになります。

■こんな場合は相続人になれるの？

離婚した妻は相続人になれなくても、故人との子どもは相続人となります。

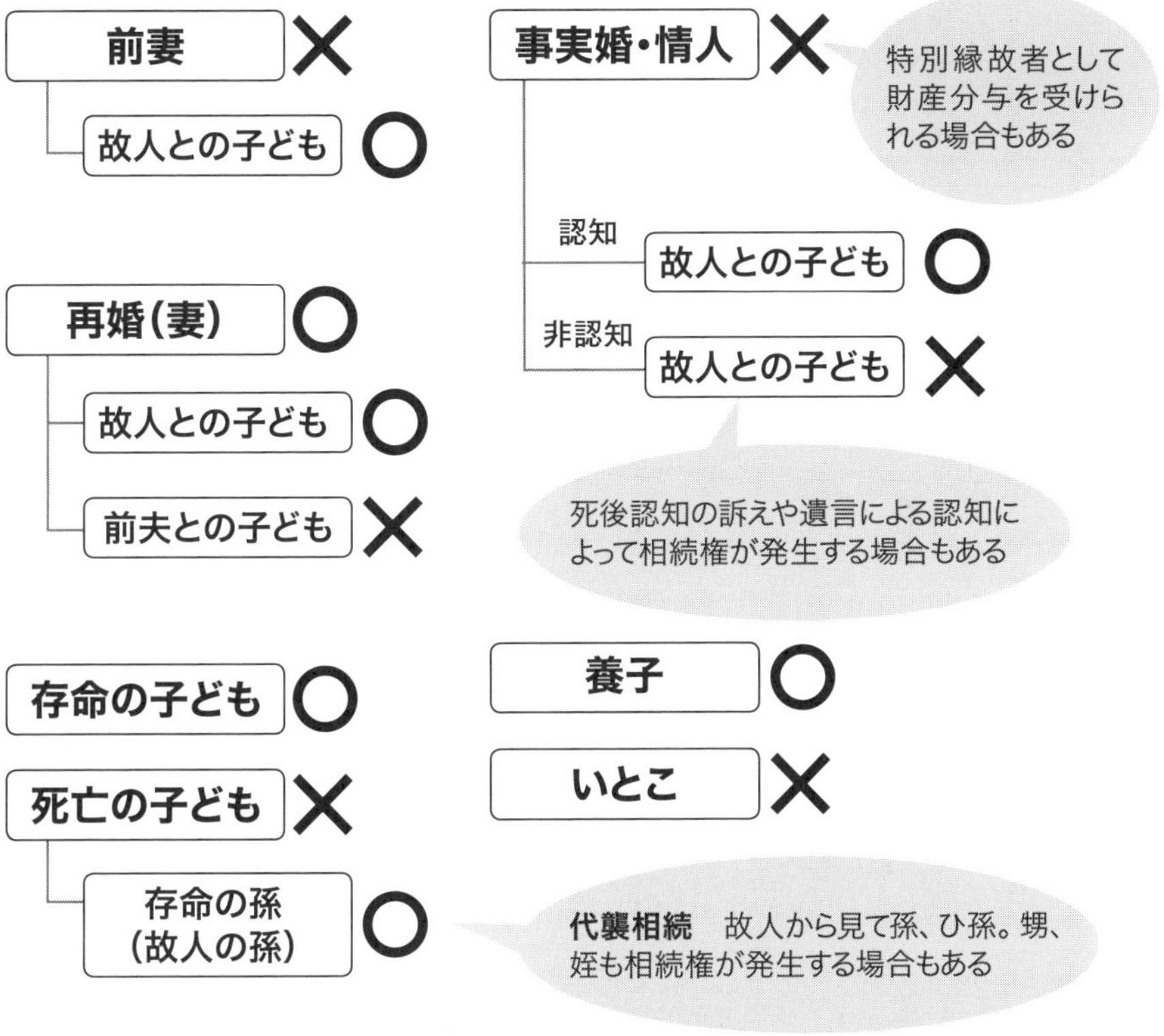
前妻 ×
故人との子ども ○
再婚（妻） ○
故人との子ども ○
前夫との子ども ×
事実婚・情人 ×
特別縁故者として財産分与を受けられる場合もある
認知
故人との子ども ○
非認知
故人との子ども ×
死後認知の訴えや遺言による認知によって相続権が発生する場合もある
存命の子ども ○
死亡の子ども ×
存命の孫（故人の孫） ○
養子 ○
いとこ ×
代襲相続　故人から見て孫、ひ孫。甥、姪も相続権が発生する場合もある

相続人に該当しないケース

一方、相続人に該当しないのは、たとえば、前妻や情人、非認知の子どもなどです。親族といえども、いとこも相続人になることはありません。

前妻の子どもは、故人の子どもであれば、相続人になります。情人の子どもも認知されていれば相続人に該当します。また、養子も相続人になります。

どんなケースだと相続人に該当するか、確認しておこう

法定相続人の相続割合①

たとえば…
僕に嫁さんがいてそのお父さんが亡くなったら
相続人は
何人になるの!?
嫁さんと嫁さんの弟それと母親
全部で3人だな
嫁と弟は¼ずつ

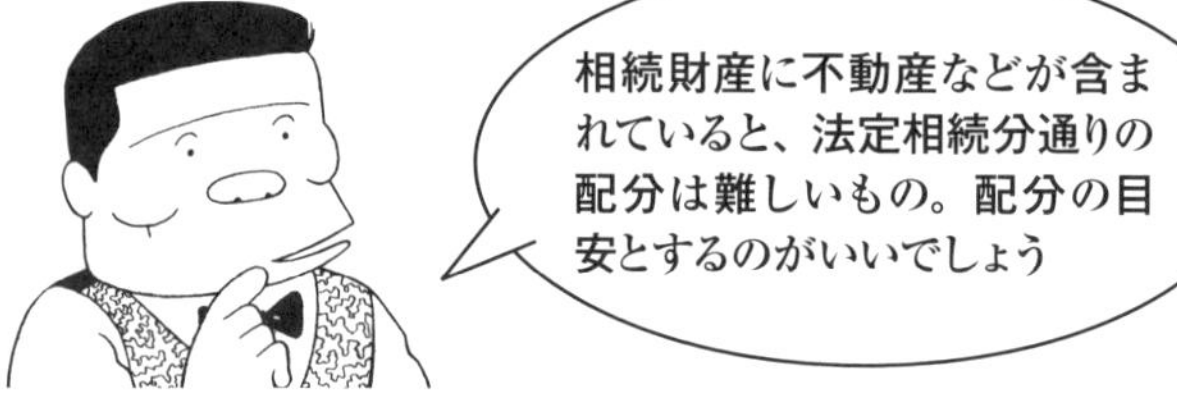

相続財産に不動産などが含まれていると、法定相続分通りの配分は難しいもの。配分の目安とするのがいいでしょう

子どもが複数いる場合は2分の1を頭割りする

民法では、法定相続人の相続割合を定めています。「法定相続分」というものです。

たとえば、配偶者と子どもが法定相続人の場合、配偶者が2分の1、子どもが2分の1という割合です。

子どもが複数いる場合は、子どもの割合分である2分の1を頭割りした分が法定相続分となります。

法定相続人となる子どもがすでに亡くなっている場合は、故人からすれば孫も相続することになります。それを「代襲相続」といいます。

■法定相続割合はどうなる?

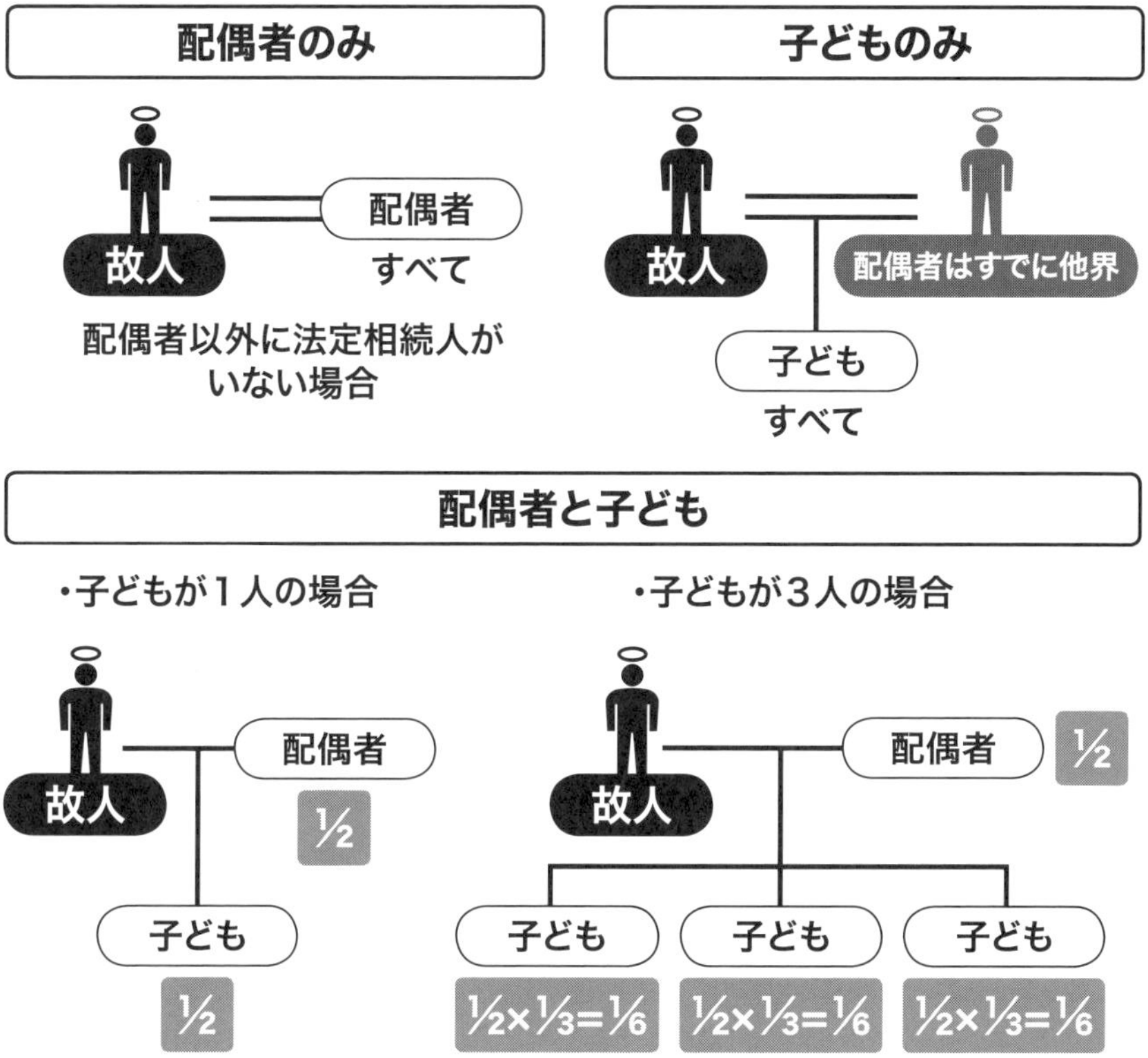
配偶者のみ
故人
配偶者
すべて
配偶者以外に法定相続人がいない場合
子どものみ
故人
配偶者はすでに他界
子ども
すべて
配偶者と子ども
・子どもが1人の場合
故人
配偶者
1/2
子ども
1/2
・子どもが3人の場合
故人
配偶者
1/2
子ども
1/2×1/3=1/6
子ども
1/2×1/3=1/6
子ども
1/2×1/3=1/6

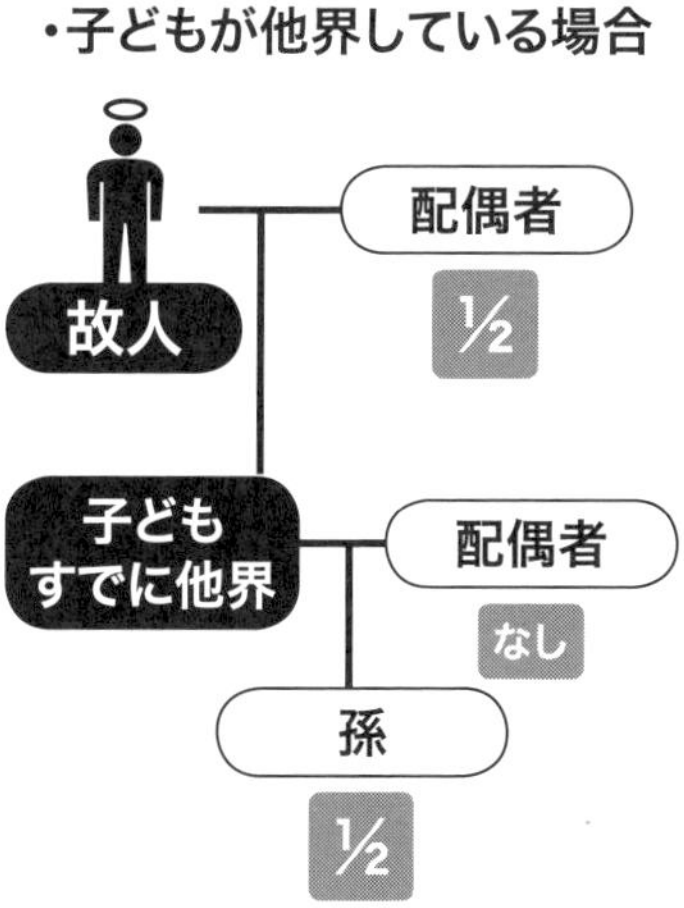
・子どもが他界している場合
故人
配偶者
1/2
子ども すでに他界
配偶者
なし
孫
1/2

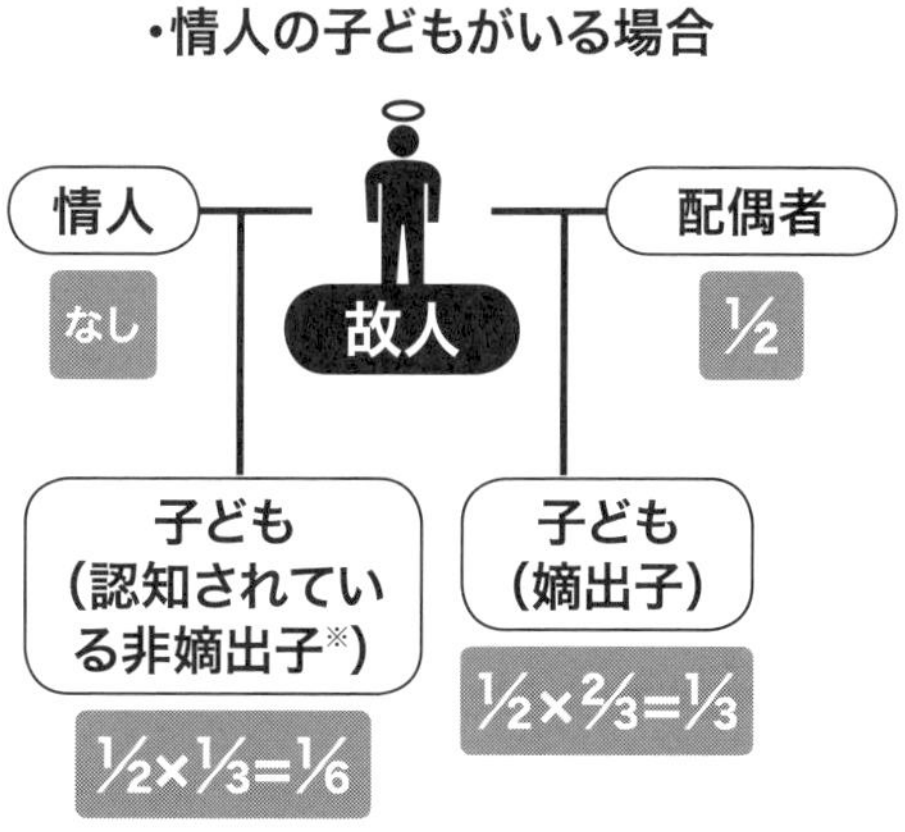
・情人の子どもがいる場合
情人
なし
故人
配偶者
1/2
子ども (認知されている非嫡出子※)
1/2×1/3=1/6
子ども (嫡出子)
1/2×2/3=1/3

※非嫡出子とは、法律上の婚姻関係を結んでいない男女の間にできた子どものこと。非嫡出子が認知されている場合、その割合は嫡出子（1/2）のさらに1/2となる。

法定相続人の相続割合②

故人に子どもがなく親が生きていれば親に相続権があります
父親と母親が存命なら…
同一順位者が複数いることになるんだから
父親と母親で頭割りだろ
親が生きていたら兄弟姉妹には相続権はありません
えっ!
優先順位の高い者がいたら下位順位者は相続できないんだな

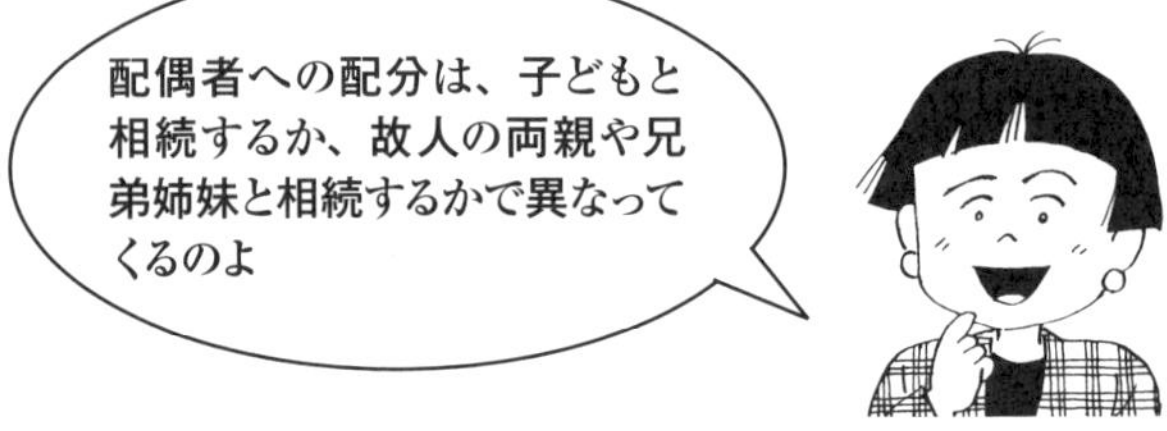

配偶者への配分は、子どもと相続するか、故人の両親や兄弟姉妹と相続するかで異なってくるのよ

相続は上位順位者が優先される

故人に子どもがいない場合は、配偶者と故人の親が相続します。配偶者が３分の２、親は３分の１という割合です。両親が健在であれば、父親・母親はそれぞれ６分の１ずつになります。

親が亡くなっている場合は、配偶者が４分の３、故人の兄弟姉妹は４分の１の割合になります。兄弟姉妹の誰かが亡くなっていれば、その兄弟姉妹の子どもが代襲相続することになります。

なお、左記の下位順位者が相続人になるのは、上位順位者がいない場合に限られます。

■法定相続割合はどうなる？

配偶者と故人の親

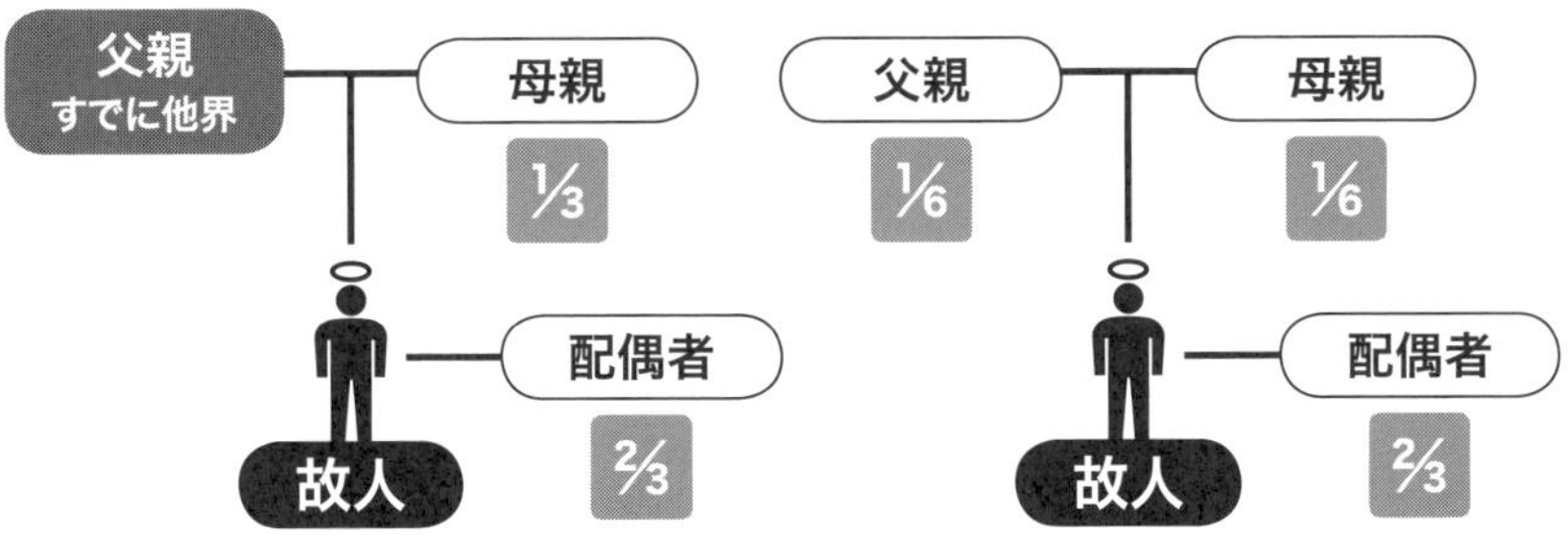
父親
すでに他界
母親
1/3
故人
配偶者
2/3
父親
1/6
母親
1/6
故人
配偶者
2/3

配偶者と故人の兄弟姉妹

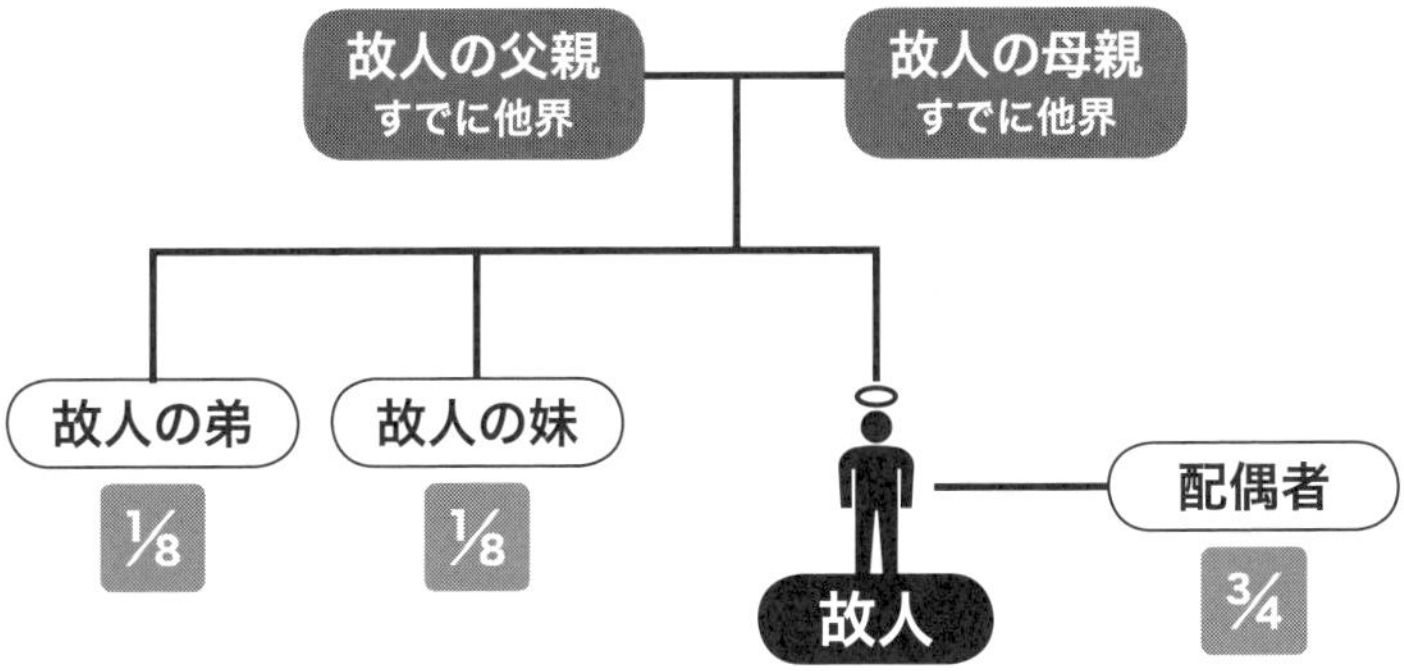
故人の父親
すでに他界
故人の母親
すでに他界
故人の弟
1/8
故人の妹
1/8
故人
配偶者
3/4

配偶者以外の相続人とその順位

第１順位…故人の子ども。実子、養子、非嫡出子（認知あり）、子どもの子（故人の孫）などが該当。

第２順位…故人の親。親が死亡していても、祖父母が存命であれば祖父母が該当。

第３順位…故人の兄弟姉妹。兄弟姉妹の子ども（故人の甥・姪）が該当する場合もある。

遺言書が存在する意味とは？

■遺言書があるということは

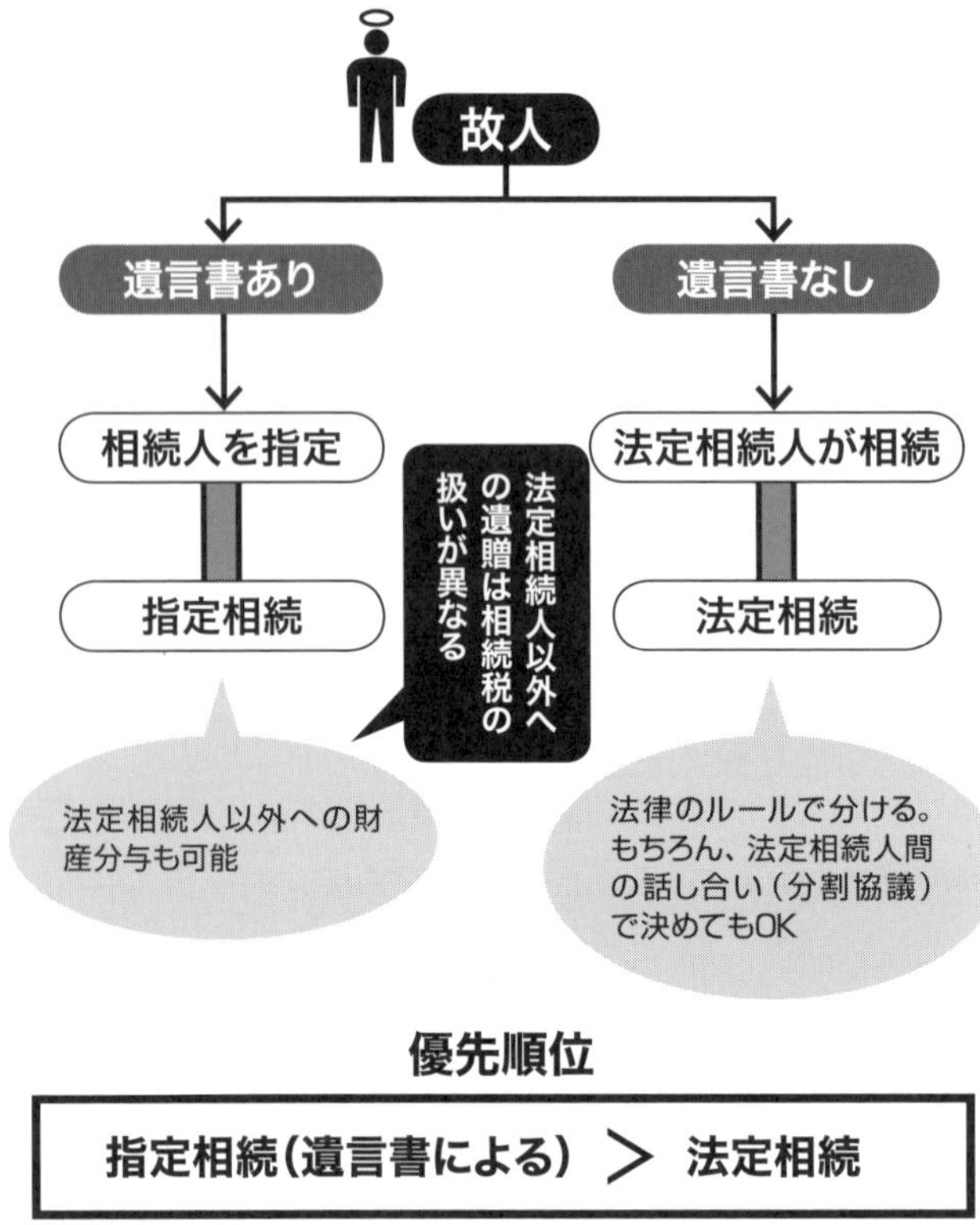

故人
遺言書あり
遺言書なし
相続人を指定
法定相続人が相続
指定相続
法定相続
法定相続人以外への遺贈は相続税の扱いが異なる
法定相続人以外への財産分与も可能
法律のルールで分ける。もちろん、法定相続人間の話し合い（分割協議）で決めてもOK
優先順位
指定相続（遺言書による） ＞ 法定相続

相続人を確定する

何故、遺言書を残すのでしょうか。突き詰めれば、財産を分与する人を指定したいからです。遺言書による相続を「指定相続」というゆえんです。法律で定められた相続人による「法定相続」とは、その点が大きく異なります。

もちろん、指定相続は、法定相続に優先します。

「誰々に財産を譲る」と、遺言で遺産を受け継がせることを「遺贈」といい、受け継ぐ人は「受遺者」となります。この場合、法定相続人に限らず、誰でも受け取ることが可能です。

■遺言書の種類

	自筆証書遺言	秘密証書遺言	公正証書遺言
作成方法	遺言者が遺言の全文を自分で書く。書き換えが可能。パソコン、代筆は不可。日付、氏名も自署し押印。印鑑は認印でも可能だが、実印のほうが無難	遺言者が遺言の全文を自分で書く。遺言書を封筒に入れ、同じ印で封印したものを公証役場に持参。公証人、証人２人以上に自分の遺言書であるとの証明を得る。パソコン、代筆は基本的に可。日付、氏名は自署し押印。印鑑は実印が望ましい	公証役場の公証人に遺言の内容を口頭で伝え、ないしは下書きを提出し、公証人に作成してもらう。証人２人以上も立ち会う。印鑑は実印
保管方法	遺言者が保管	遺言者が保管	原本保管は公証役場 正本と謄本が本人に交付される
プライバシー	遺言書の内容、存在を秘密にできる	遺言書の存在は知られるが、内容は秘密にできる	遺言書の内容や存在は知られる
費用	作成費が無料	作成費が比較的安い	作成費が財産に応じてかかる
紛失の可能性	紛失や形式不備で無効になったり、相続争いの元になる可能性もある	紛失や形式不備で無効になる可能性もある	紛失や無効を避けられる
家裁の検認	家庭裁判所による検認が必要	家庭裁判所による検認が必要	家庭裁判所による検認はいらない

遺言書の種類

遺言書は基本的に、「自筆証書遺言」「秘密証書遺言」「公正証書遺言」の3種類です。自筆証書遺言は、作成も手軽で費用もかかりませんが、相続開始後に、家庭裁判所の「検認」を受けなければならなかったり、死後に遺言書が見つからなかったり、無効とされる場合もあります。一方、公正証書遺言は遺言としての効力が担保されるほか、検認も必要としませんが、財産に応じて費用がかかったり、作成段階で公証役場に出向くといった手間がかかるため、一長一短といっていいでしょう。

遺言書の検認とは？

■遺言書がある場合

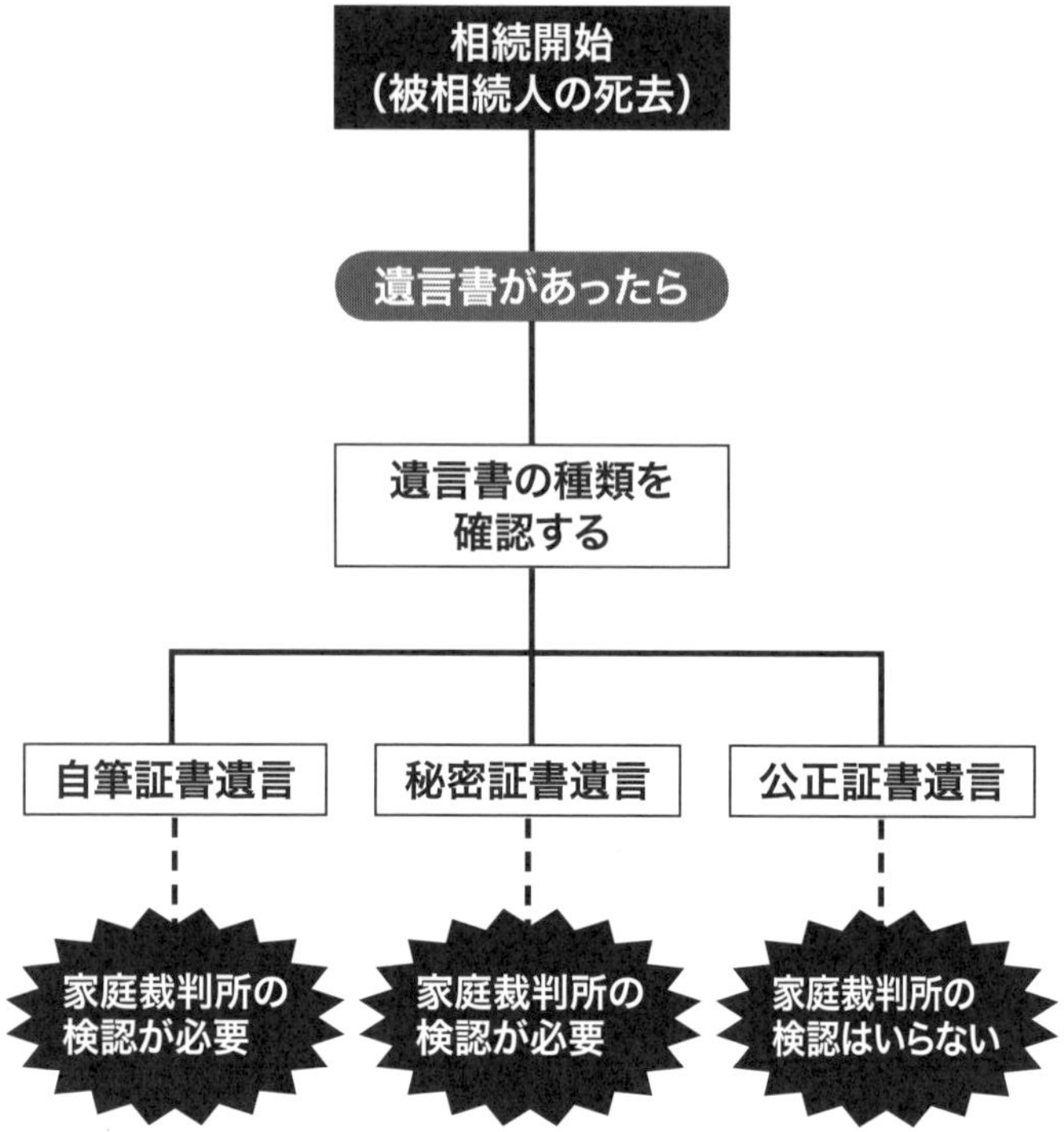

相続開始
（被相続人の死去）
遺言書があったら
遺言書の種類を
確認する
自筆証書遺言
秘密証書遺言
公正証書遺言
家庭裁判所の
検認が必要
家庭裁判所の
検認が必要
家庭裁判所の
検認はいらない

勝手に開封してはいけない場合も！

公正証書遺言を除く、自筆証書遺言や秘密証書遺言による遺言書の保管者や、遺言書を発見した相続人は、相続が開始（遺言書作成者が死亡）したら、家庭裁判所の検認を受けなければなりません。

ただし、遺言書の検認とは、「遺言の存在や内容を知らせる」とともに、「遺言書の偽造・変造を防止する」ための手続きです。遺言が有効か無効かの判断とは別のものです。

■遺言の検認とは

自筆証書遺言や秘密証書遺言を発見したら、家庭裁判所に遺言書を提出し、検認を受けなければなりません。

申立人	・遺言書を保管していた人 ・遺言書を発見した相続人
申立先	・故人（遺言者）の最後の住所地の家庭裁判所
検認が必要な遺言書	・「公正証書遺言」以外の遺言書
検認に必要な書類	・遺言書のコピー（開封してある場合） ・家事審判申立書 ・申立人、相続人全員の戸籍謄本 ・故人（遺言者）の出生から死亡までの連続した戸籍謄本 ・収入印紙 ・連絡用の郵便切手
注意点	・封印してある遺言書は、家庭裁判所で相続人らの立ち会いの上で開封 ・検認を怠ると５万円以下の過料に処せられるほか、故意に遺言書を隠匿すると相続資格を失う場合もある

封印してある遺言書の場合は、
勝手に開封してはいけないぞ

遺言執行者とは?

遺言には遺言執行者の指名が必要ですね
それって遺言を確実に履行してもらうためですよね
誰でもなれるということだけど…
もちろん未成年者や破産者は遺言執行者になれませんよね
専門家のほうがいいだろうな

遺言の手続きを行う

死後、遺言を確実に実行してもらうため、遺言書の中で遺言執行者を指定します。相続人の誰かが指名されるのが一般的です。税理士や弁護士などが就くこともあります。遺言執行者は複数でもかまいません。遺言書での指定がなければ、家庭裁判所で指定してもらうことも可能です。

遺言執行者は、相続がスタートすると、相続人への通知や相続財産の目録作成などを経て、遺言に基づいた財産の名義変更などの手続きを進めていくことになります。

■遺言執行者とは

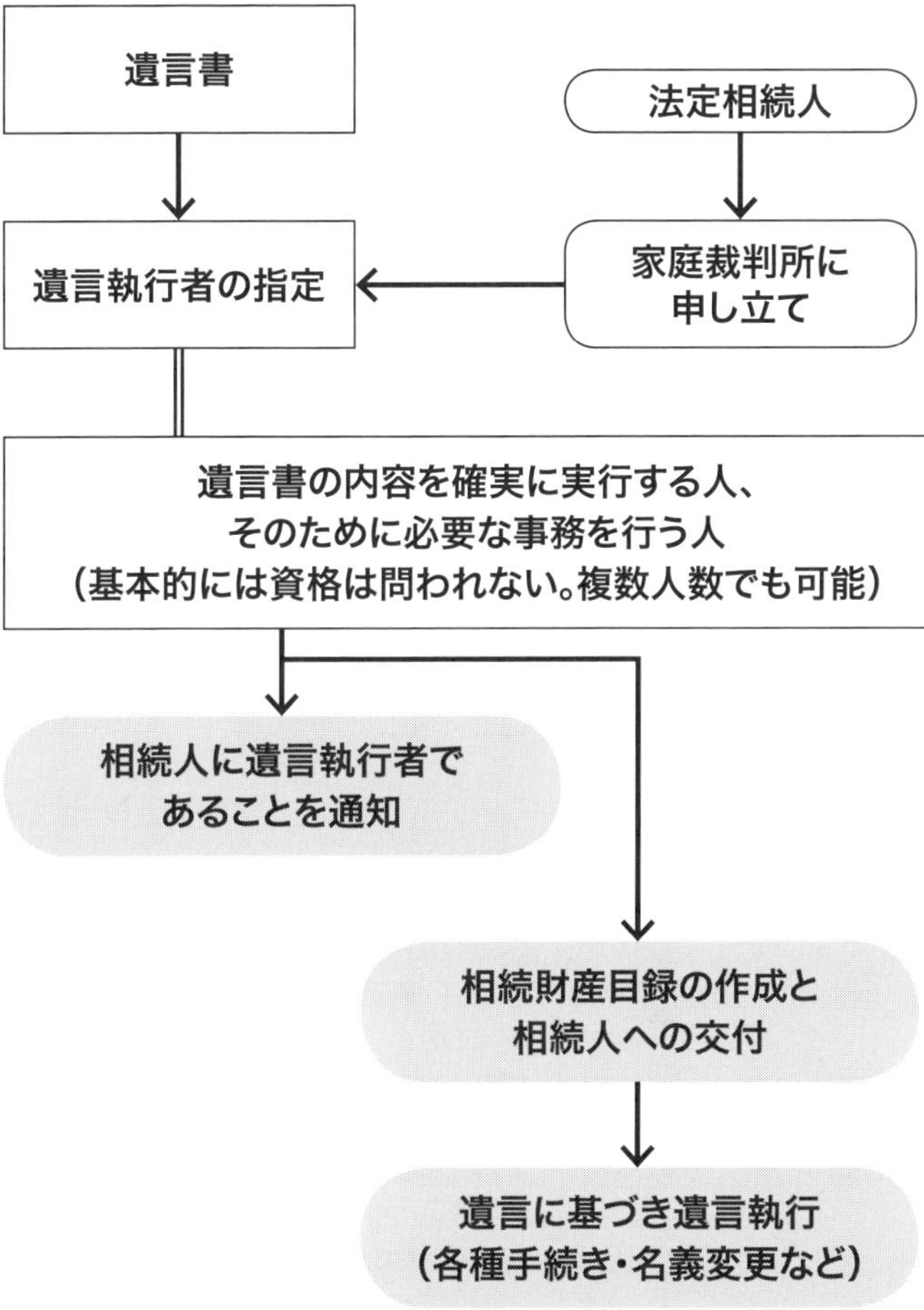
遺言書
法定相続人
遺言執行者の指定
家庭裁判所に
申し立て
遺言書の内容を確実に実行する人、
そのために必要な事務を行う人
(基本的には資格は問われない。複数人数でも可能)
相続人に遺言執行者で
あることを通知
相続財産目録の作成と
相続人への交付
遺言に基づき遺言執行
(各種手続き・名義変更など)

遺言書の決まり

- ２名以上での共同による遺言は認められない
- 生存中に遺言者は「取り消し」「書き換え」が可能
- 遺言書が複数ある場合、矛盾する部分は最新の日付と署名のある遺言書が優先される
- 遺言執行に関する諸費用は相続人が負担

自筆証書遺言の書き方

①登記簿謄本（固定資産税評価証明書）にしたがって正確に記入するのが基本だが、登記簿謄本に誤りがある場合もある。念のために遺言書作成の前に実測してみるのもいい

②「家屋番号」は建物を識別するための固有の番号。分譲マンションでは一部屋ごとに違う番号が付されている

③不動産は、「所在」「地番」「種類」「地積」で特定されるので、これが書いてあれば、他の土地と間違えることはない

④金額を指定してもいいが、預金残高が変動する可能性もある。また、「半分」とか「4分の1」といったように抽象的だと、相続でもめる場合も出てくる

⑤年月日を必ず記入

⑥実印が望ましい

相続手続きをスタートさせるには

形式や内容が不十分なため、せっかくの遺言書が原因でトラブルが発生する例も少なくありません。自ら遺言を書き、保管する自筆証書遺言の場合は、そのことを念頭におきたいもの。死後、遺言書を開封して相続手続きを開始するには、家庭裁判所で検認を受けなければなりませんが、一定の時間を要することも配慮すべき点です。

後々もめないために

すべて本人が書くことが絶対条件。相続人が複数の場合は、遺留分に配慮することが基本になります。遺言執行者の指定も不可欠。預金や土地を3分の1ずつ、といったあいまいな分け方をせずに、ひとつの財産は1人に相続させるようにしたほうが無難。とくに土地の細分化は避けるべきでしょう。

必要な要件ではありませんが、あえて自筆証書遺言を残すのなら、「付言事項」を書き加えるべきです。「家族仲良く」などとあれば、無用な相続トラブルが避けられることもあるでしょう。

■遺言書の見本

パソコンは不可。本文、日付、署名を含めすべて自分で書く必要があります。

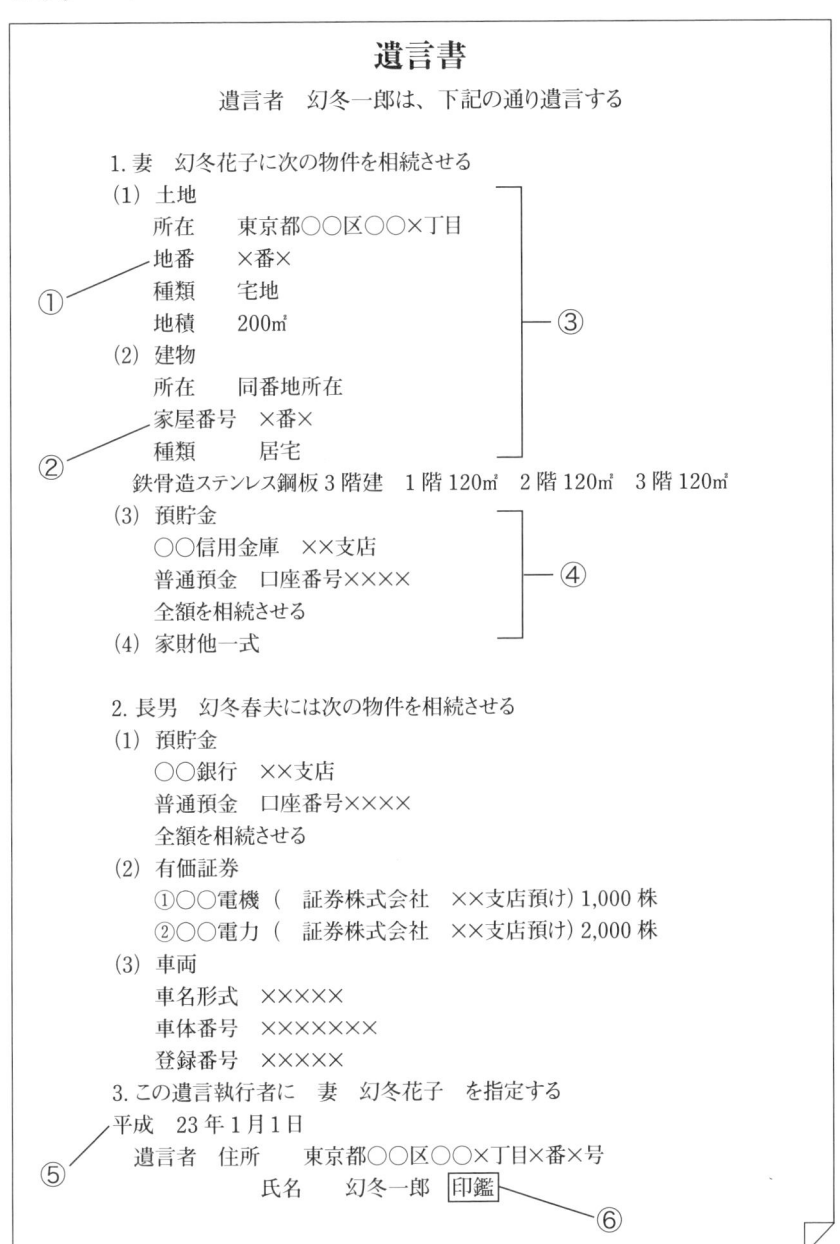

遺言書

遺言者　幻冬一郎は、下記の通り遺言する

1. 妻　幻冬花子に次の物件を相続させる

(1)　土地
　所在　　東京都○○区○○×丁目
　地番　　×番×　（①）
　種類　　宅地
　地積　　200㎡
(2)　建物
　所在　　同番地所在
　家屋番号　×番×　（②）
　種類　　居宅
鉄骨造ステンレス鋼板 3 階建　1 階 120㎡　2 階 120㎡　3 階 120㎡
（(1)〜(2)：③）

(3)　預貯金
　○○信用金庫　××支店
　普通預金　口座番号××××
　全額を相続させる
(4)　家財他一式
（(3)〜(4)：④）

2. 長男　幻冬春夫には次の物件を相続させる

(1)　預貯金
　○○銀行　××支店
　普通預金　口座番号××××
　全額を相続させる
(2)　有価証券
　①○○電機（　証券株式会社　××支店預け）1,000 株
　②○○電力（　証券株式会社　××支店預け）2,000 株
(3)　車両
　車名形式　×××××
　車体番号　×××××××
　登録番号　×××××

3. この遺言執行者に　妻　幻冬花子　を指定する

平成　23 年 1 月 1 日　（⑤）
遺言者　住所　　東京都○○区○○×丁目×番×号
　　　　氏名　　幻冬一郎　印鑑　（⑥）

公正証書遺言の作り方

■公証役場とは?

「公証人役場」ともいう

公証役場 ……… 法務局・地方法務局が所管する官公庁の一種。全国に約 300 か所

公証人 ……… 公証役場で執務する人。全国で約 500 人。裁判官や検察官経験者が多い。身分は公務員だが、独立の事業主。収入は手数料によることから、「手数料の公務員」ともいわれる

- 公正証書の作成(土地や建物の売買、賃貸借など契約に関する公正証書、公正証書遺言など)
- 私署証書に対する確定日付の付与
- 私署証書や会社等の定款に対する認証の付与

公証役場で作成する

公正証書遺言は、公証役場に出向いて作成するのが基本です。公証役場は全国におよそ３００か所あり、５００人ほどの公証人が執務しています。公証人は、手数料収入を得る独立の事業主であるとともに公務員で、検事経験者などが多いようです。

遺言書を作ろうとする人は、事前に公証人と打ち合わせをするのが一般的です。通帳、株式や公社債の取引残高証明書、不動産の固定資産税評価証明書などを持参し、財産配分を明確にし、公証人に遺言書の文面を作成してもらいます。

■公正証書遺言書作成の流れ

公証人が遺言を読み上げたのち、２人以上の証人とともに署名押印することで手続きは完了します。なお、財産を残そうと指定する人や未成年者は証人にはなれません。

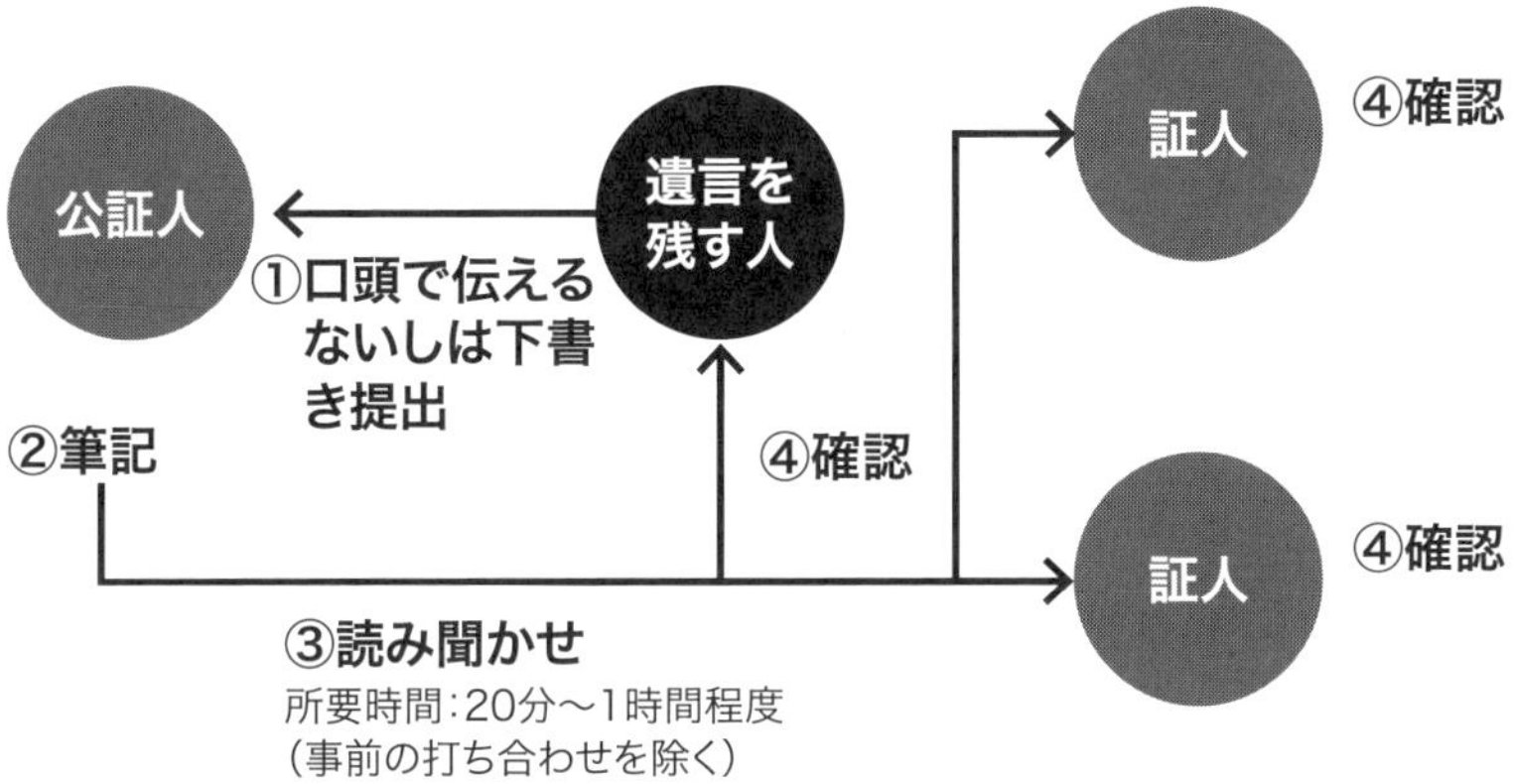

公証人
遺言を残す人
証人
④確認
①口頭で伝えるないしは下書き提出
②筆記
④確認
証人
④確認
③読み聞かせ
所要時間:20分～1時間程度
(事前の打ち合わせを除く)

⑤署名押印(遺言者、証人)

⑥公正証書遺言の完成(原本は公証役場に保管、正本と謄本は遺言者に交付)

■証人になれない人

未成年者、遺言を残す人から財産を贈られると推定される人とその近親者など

■必要書類

遺言者

遺言書の原案、戸籍謄本や住民票、実印・印鑑証明、預貯金通帳や株式・公社債残高明細書、不動産の固定資産税評価証明書など相続財産関連、その他公証役場から要請された資料

証人

住民票や運転免許証のコピーなど住所がわかるもの、印鑑

■手数料

相続財産の価額や相続人・受遺者の人数によって異なる
(1 人に 1 億円を相続する場合 5 万 4000 円)

秘密証書遺言の場合は 1 万 1000 円

相続でよく聞く「遺留分」とは？——遺言書がある場合のポイント

■遺言で問題になりがちな「遺留分」とは？

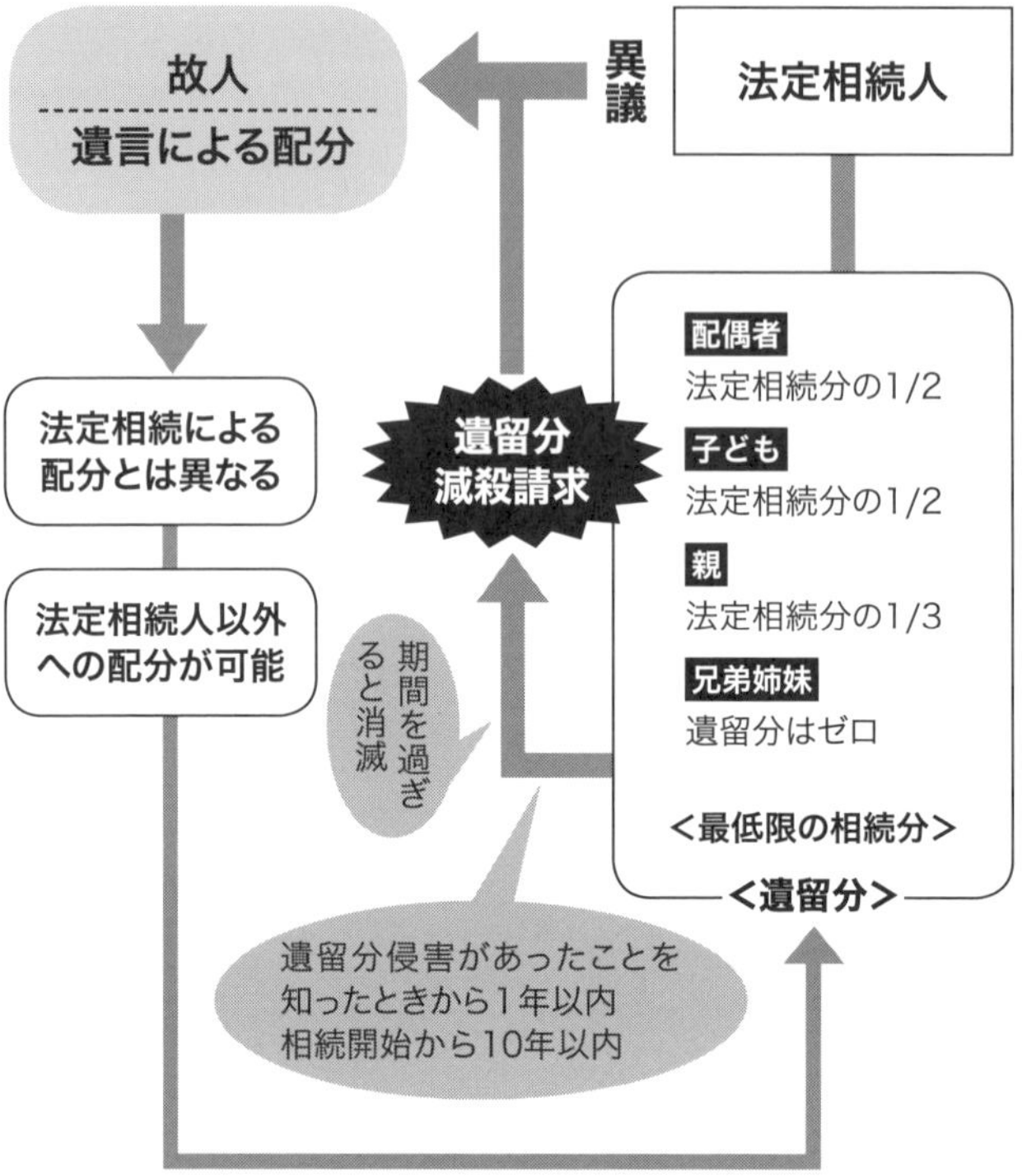
故人
遺言による配分
法定相続による配分とは異なる
法定相続人以外への配分が可能
異議
法定相続人
遺留分減殺請求
期間を過ぎると消滅
配偶者
法定相続分の1/2
子ども
法定相続分の1/2
親
法定相続分の1/3
兄弟姉妹
遺留分はゼロ
<最低限の相続分>
<遺留分>
遺留分侵害があったことを知ったときから1年以内
相続開始から10年以内

遺言者より先に遺贈を受ける人（受遺者）が亡くなったら、遺贈されるべき財産は法定相続人が相続

遺留分とは遺言書があっても相続人が配分を受ける権利

遺言書を残す本人か、遺言書に従う立場かにかかわらず、押さえておきたいポイントがあります。

遺言書の内容にかかわらず、法定相続人である配偶者や子ども、父母などには、最低限の相続分があるということです。

相続人が最低限相続できる割合を遺留分といい、その遺留分を主張できる権利が、遺留分減殺請求権です。

相続人が兄弟姉妹のみの場合は、遺留分がないため、遺言書で100％配分を決めることが可能です。

■自由に配分できる割合(遺留分を侵害しない割合)

相続人によって遺留分が異なるため、自由に配分できる割合も異なります。

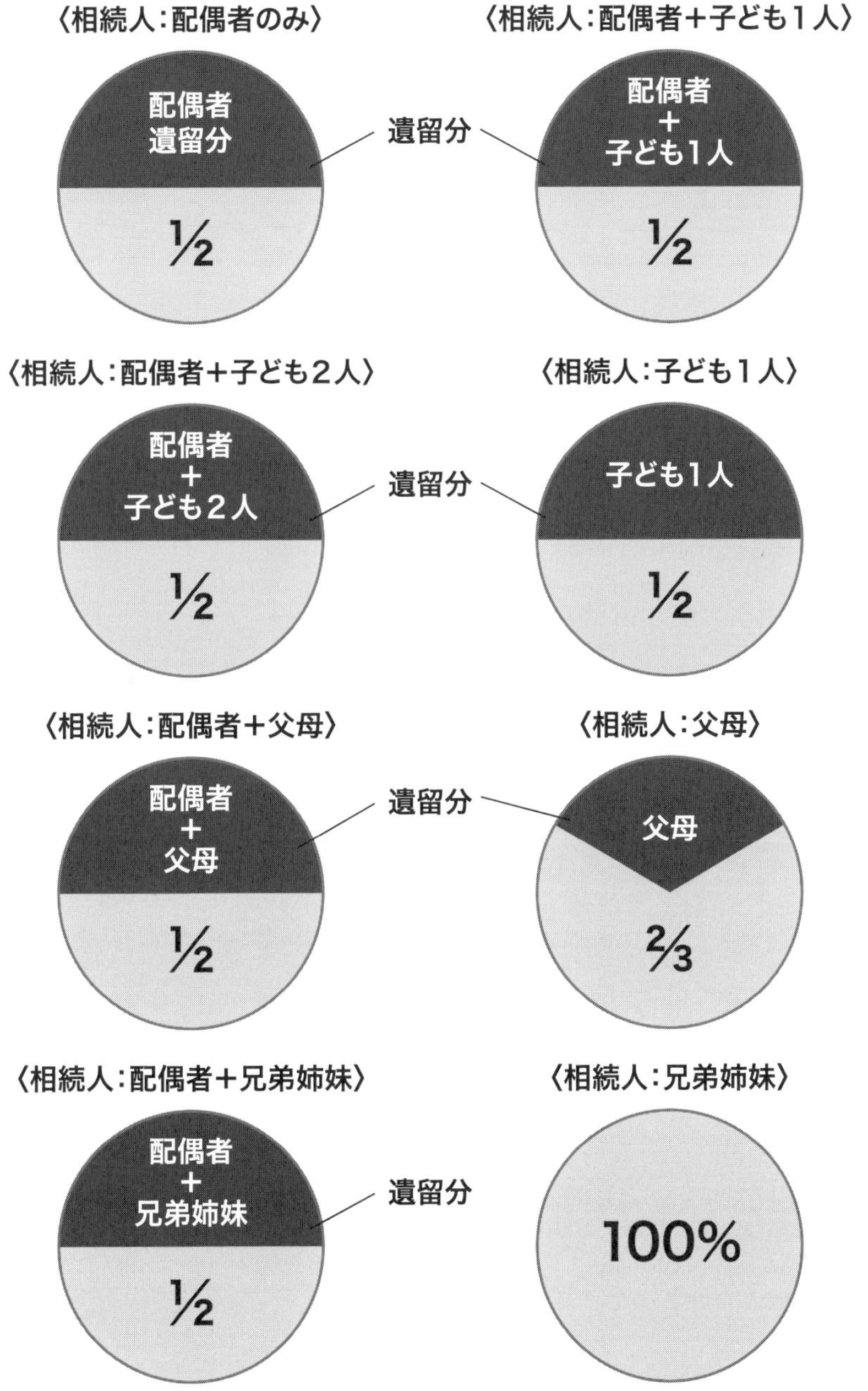
〈相続人：配偶者のみ〉
配偶者遺留分
1/2
〈相続人：配偶者＋子ども１人〉
配偶者＋子ども1人
1/2
遺留分
〈相続人：配偶者＋子ども２人〉
配偶者＋子ども２人
1/2
〈相続人：子ども１人〉
子ども1人
1/2
遺留分
〈相続人：配偶者＋父母〉
配偶者＋父母
1/2
〈相続人：父母〉
父母
2/3
遺留分
〈相続人：配偶者＋兄弟姉妹〉
配偶者＋兄弟姉妹
1/2
〈相続人：兄弟姉妹〉
100%
遺留分

遺産分割協議書とは?

相続財産の配分を記すもの

被相続人の死去後しばらくは、相続人全員で遺産を共有している状態だといっていいでしょう。その遺産の配分を具体化させたものが遺産分割協議書です。どの遺産のどれだけを、それぞれの相続人が受け取るのか――相続人全員の合意が不可欠です。実務的には、相続人全員の実印による押印と、実印の印鑑登録証明書の添付が必要になります。

■遺産分割協議書とは?

遺産分割協議書は、相続人それぞれが何を受け取るのか、具体的に決めるものです。

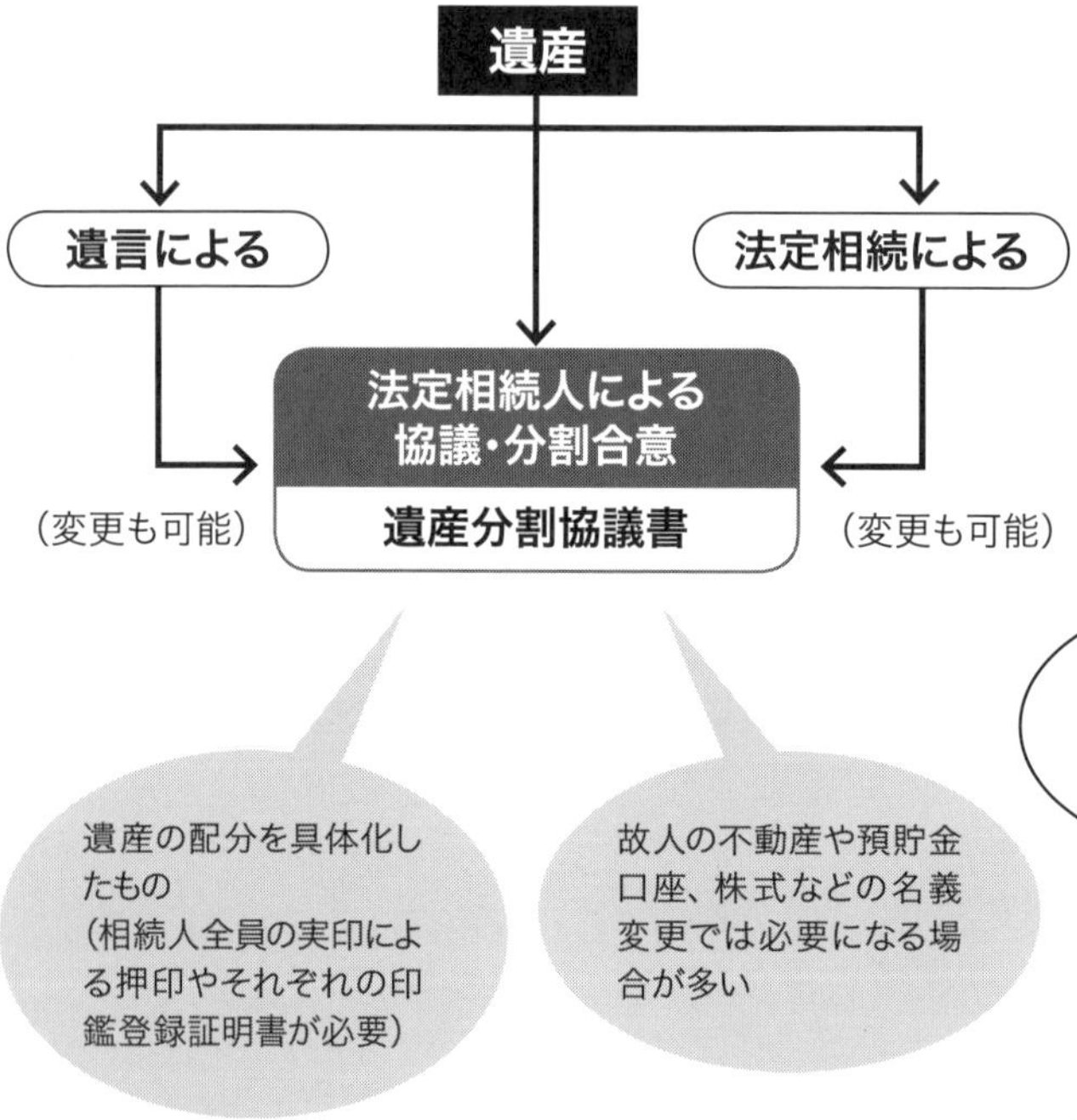
遺産
遺言による
法定相続による
法定相続人による
協議・分割合意
遺産分割協議書
(変更も可能)
(変更も可能)
遺産の配分を具体化したもの
(相続人全員の実印による押印やそれぞれの印鑑登録証明書が必要)
故人の不動産や預貯金口座、株式などの名義変更では必要になる場合が多い

遺産分割協議書の作成が済めば、相続の手続きは最終段階だぞ

遺産分割協議書の書式や形式は自由であり、必ずしも作成しなければならないというわけでもありません。ただし、銀行や証券会社に預けてある遺産の名義変更の際に添付を求められることもあります。不動産の所有権移転登記に際しては、作成が不可欠です。また、遺産分割の合意成立があって相続税の申告をするのが相続手続きの一連の流れです。

遺言による相続であろうが、法定相続によるものであろうが、相続人が具体的な遺産分割で合意し、協議書を作成することで相続の最終段階を迎えることになります。

■遺産分割協議書の具体例

遺産分割協議書

被相続人　幻冬一郎が平成×年×月×日死亡し、その遺産については、同人の法定相続人の全員において分割協議を行った結果、各相続人がそれぞれ次のとおり遺産を分割し、取得することに決定した。

1. 相続人　○○○○　が取得する財産
　(1) 土地
　　東京都○○区○○×丁目××番××
　　宅地　220㎡
　(2) 建物
　　東京都○○区○○×丁目××番地　家屋番号×番
　　鉄骨造ステンレス鋼板3階建　1階　150㎡　2階150㎡　3階150㎡
　(3) 預貯金
　　①○○銀行　××支店　6,000,000円
　　普通預金　口座番号××××
　(4) 家財他一式
2. 相続人　××××　が取得する財産
　(1) 預貯金
　　①○○信用金庫　××支店　6,000,000円
　　普通預金　口座番号××××
　(2) 有価証券
　　①○○電力（××証券株式会社　××支店預け）　3,000株
3. 相続人　○○○○　が葬儀費用及びその他一切の債務・財産を継承する。

以上のとおり相続人全員による遺産分割の協議が成立したので、これを証するための本書を作成し、以下に各自署名押印する。

平成　×年×月×日
東京都○○区×丁目×番×号
　　相続人　○○○○　㊞
神奈川県横浜市○○区×丁目×番地
　　相続人　××××　㊞

遺産分割協議がまとまらない場合

このまま意見が合わなければ家庭裁判所を利用するしかない
調停か

協議が整わなかったら家庭裁判所

相続人それぞれが主張を押し通すばかりで、相続人全員の間で分割協議がまとまらない場合は、家庭裁判所の調停を利用することができます。家庭裁判所は書類の提出を求めたり、各相続人から要望を聞くなどして、解決案を提案したりします。調停でもまとまらなければ自動的に審判に移行します。こちらは、家庭裁判所が相続人の事情を勘案して、強制的に遺産の分割をするものです。

なお、遺産の分割には、「現物分割」「換価分割」「代償分割」といった方法もあります。遺産の分割を裁判所に委ねるより、当事者間で解決を図るにこしたことはありません。

遺産の分割協議には、未成年者は基本的に参加できません。相続人に行方不明者がいるときも含め、家庭裁判所に特別代理人や不在者財産管理人を選任してもらうことになります。海外に住む相続人がいる場合は、印鑑登録証明書に代わって、在留証明書とサイン証明書などを取り寄せます。

■遺産分割の例

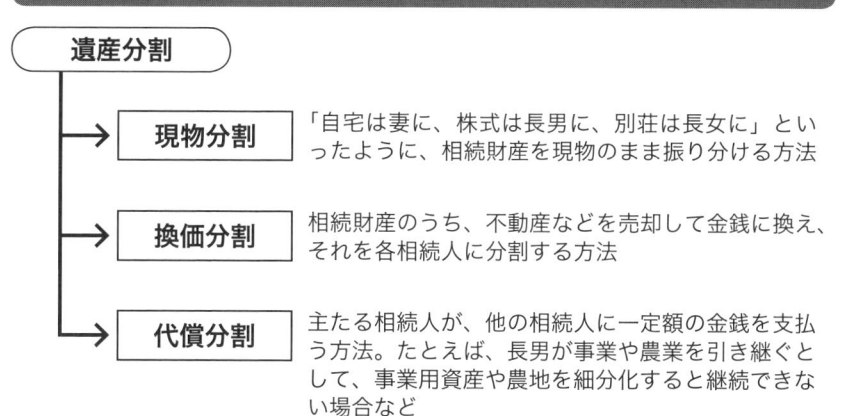

遺産分割

- **現物分割** → 「自宅は妻に、株式は長男に、別荘は長女に」といったように、相続財産を現物のまま振り分ける方法
- **換価分割** → 相続財産のうち、不動産などを売却して金銭に換え、それを各相続人に分割する方法
- **代償分割** → 主たる相続人が、他の相続人に一定額の金銭を支払う方法。たとえば、長男が事業や農業を引き継ぐとして、事業用資産や農地を細分化すると継続できない場合など

相続人に未成年者がいたら
→親も相続人なら、家庭裁判所で特別代理人を選任してもらう

相続人に行方不明者がいたら
→家庭裁判所に不在者財産管理人を選任してもらい、遺産分割協議への参加許可を取る

■遺産分割協議がまとまらない

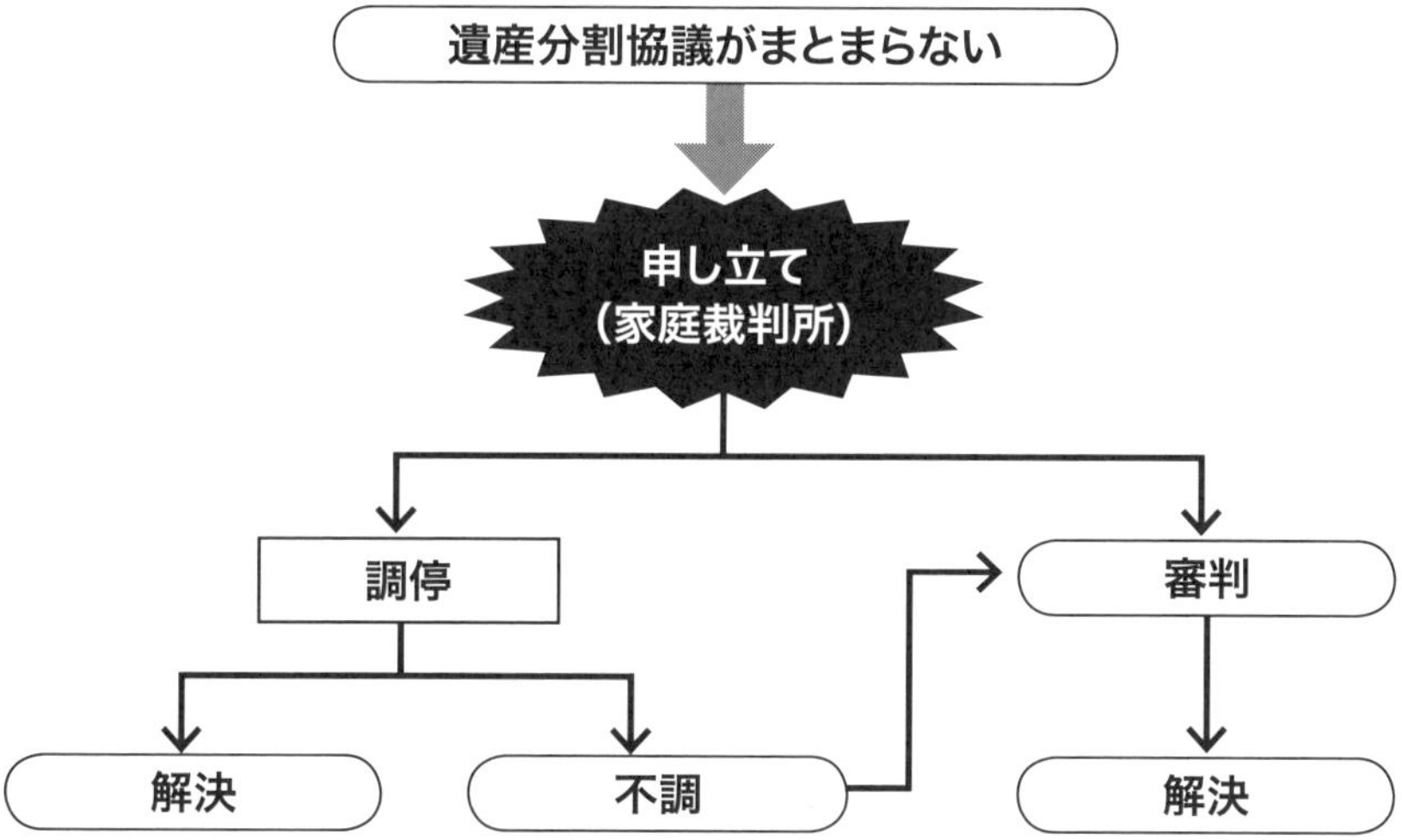

※調停を申し立て、そこで合意ができなかったときに審判に移るのが一般的な流れ。

相続人の中に未成年者や行方不明者がいたら

遺産をどう分割するか相続人全員で話し合うんだが
いわゆる「遺産分割協議」というやつだな
未成年者には
特別代理人の選任が必要なんだ

特別代理人の選任

遺産を相続人の間でどのように配分するかという、遺産分割協議に未成年者は参加できないことになっています。したがって、相続人の中に未成年者がいて、親自身も相続人である場合は、未成年者の特別代理人を家庭裁判所で選任してもらうことになります。未成年者が複数いる場合は、それぞれに特別代理人を選任することになります。

行方不明者がいたり、違法行為があったりする場合

相続人の中に行方不明者がいる場合は、不在者財産管理人を選任

■相続人の中に行方不明者がいたら…

相続人に行方不明者がいる場合は、以下の方法で手続きを行わなくてはなりません。

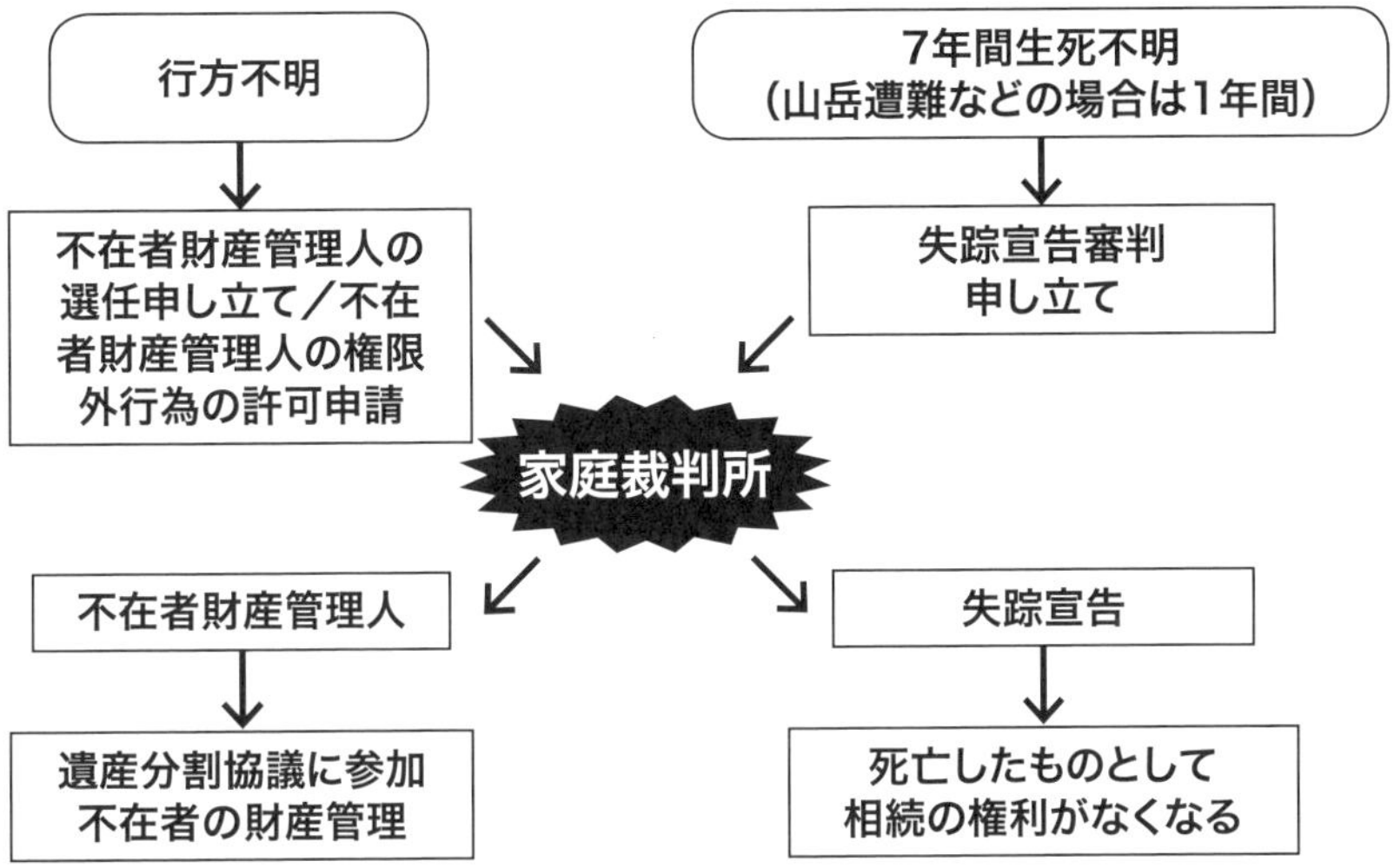
行方不明
不在者財産管理人の選任申し立て／不在者財産管理人の権限外行為の許可申請
7年間生死不明（山岳遭難などの場合は1年間）
失踪宣告審判申し立て
家庭裁判所
不在者財産管理人
遺産分割協議に参加
不在者の財産管理
失踪宣告
死亡したものとして
相続の権利がなくなる

その他相続の権利がなくなる場合

■相続欠格
被相続人や相続人を殺そうとして刑に処せられたり、遺言書偽造など

■相続廃除
被相続人に虐待や重大な侮辱を与えたなどの非行があった場合

するか、失踪宣告の確定を受けるか、いずれかの手続きをとることになります。

失踪宣告が確定すると、失踪者は死亡したものとみなされ、相続財産は存命の相続人で分配することになります。

被相続人（故人）や他の相続人の殺害、遺言書の偽造・破棄・隠匿といった違法行為を犯した人は相続欠格とみなされ、相続権をはく奪されます。被相続人に対して虐待をするなど、著しい非行をはたらいた相続人についても、相続させないようにすることが可能です。

ひとり暮らしや認知症での相続、寄与分とは？

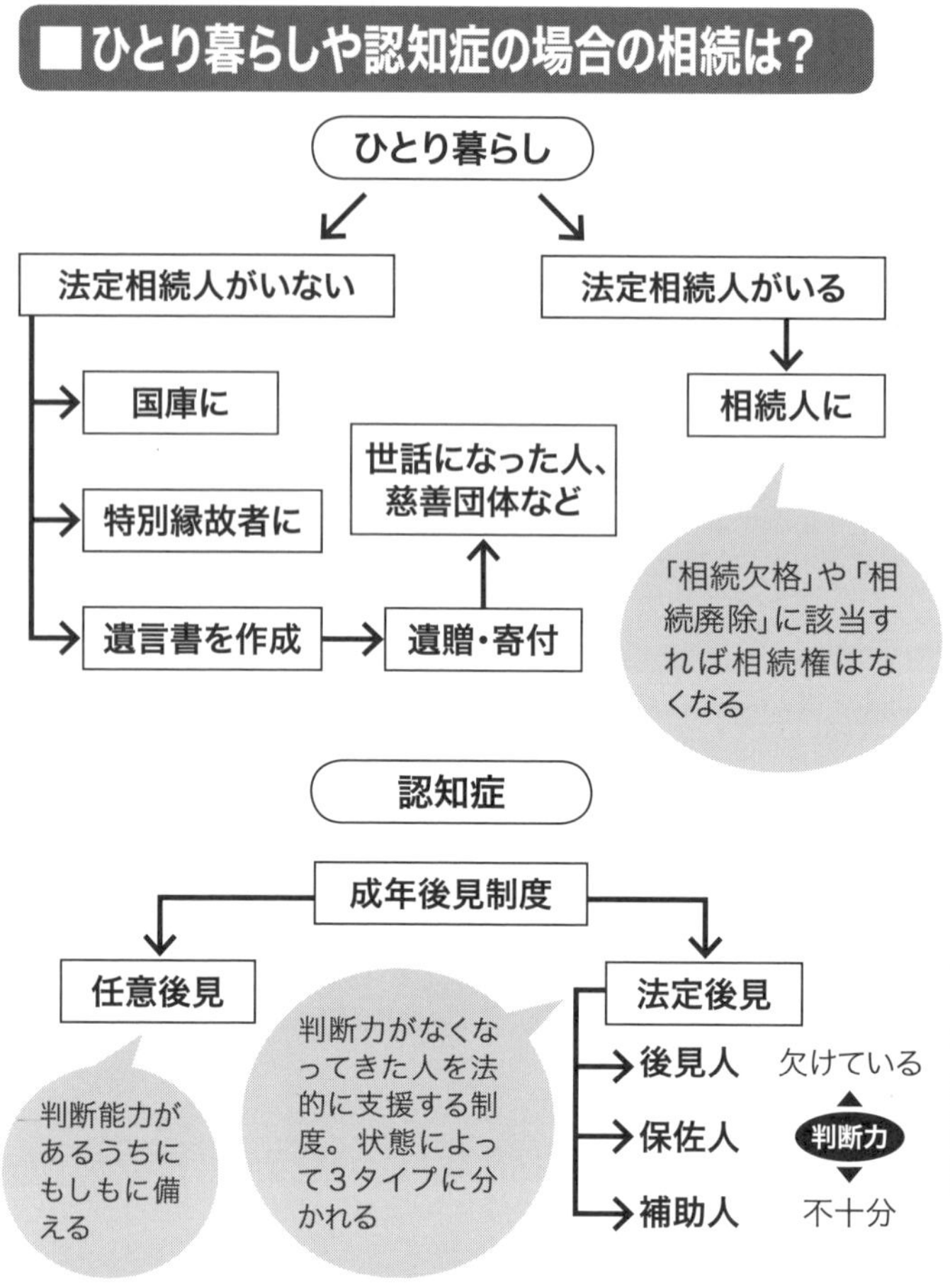
■ひとり暮らしや認知症の場合の相続は？
ひとり暮らし
法定相続人がいない
法定相続人がいる
国庫に
特別縁故者に
遺言書を作成
遺贈・寄付
世話になった人、
慈善団体など
相続人に
「相続欠格」や「相続廃除」に該当すれば相続権はなくなる
認知症
成年後見制度
任意後見
判断能力があるうちにもしもに備える
判断力がなくなってきた人を法的に支援する制度。状態によって3タイプに分かれる
法定後見
後見人
保佐人
補助人
欠けている
判断力
不十分

法定相続人が存命なら？

ひとり暮らしの人が亡くなっても、法定相続人が存命であれば、その法定相続人が遺産を引き継ぐのが基本です。

法定相続人がいない場合、遺言書による遺贈や寄付の指定がなければ、相続財産は国家に帰属することになります。ただし、故人と生計を同じくしていた人などが家庭裁判所で認定されれば特別縁故者として、相続財産の分与を受けることができる場合もあります。

なお、献身的に介護をしたとしても、法定相続人でなければ遺産の分与はありません。たとえば、

■相続人がいない場合は？

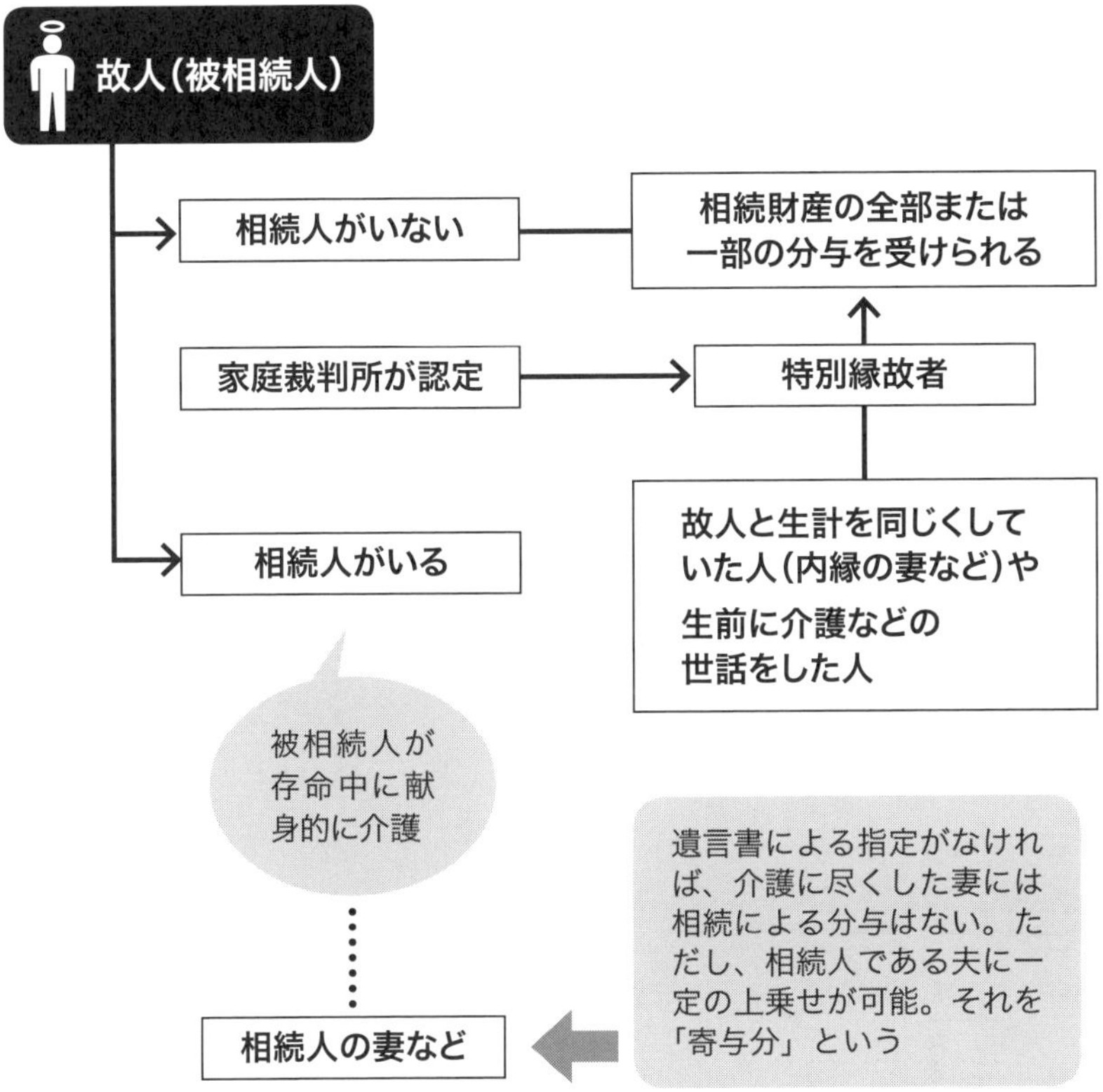
故人（被相続人）
相続人がいない
相続財産の全部または一部の分与を受けられる
家庭裁判所が認定
特別縁故者
故人と生計を同じくしていた人（内縁の妻など）や生前に介護などの世話をした人
相続人がいる
被相続人が存命中に献身的に介護
相続人の妻など
遺言書による指定がなければ、介護に尽くした妻には相続による分与はない。ただし、相続人である夫に一定の上乗せが可能。それを「寄与分」という

介護を献身的に担った人の配偶者が相続人であれば、その相続人に「寄与分」として上乗せができる程度です。

本人に判断力がない場合

ひとり暮らしや相続人との同居の有無を問わず、万一の認知症などに備えて成年後見制度が用意されています。自ら任意の代理人を選ぶのが任意後見。法定後見はすでに判断力がなくなっている人が対象で、判断力の段階によって後見人、保佐人、補助人が選任されます。法定後見は家族などが家庭裁判所に申し立てることになっています。

借金まで相続したくない
――相続放棄・限定承認

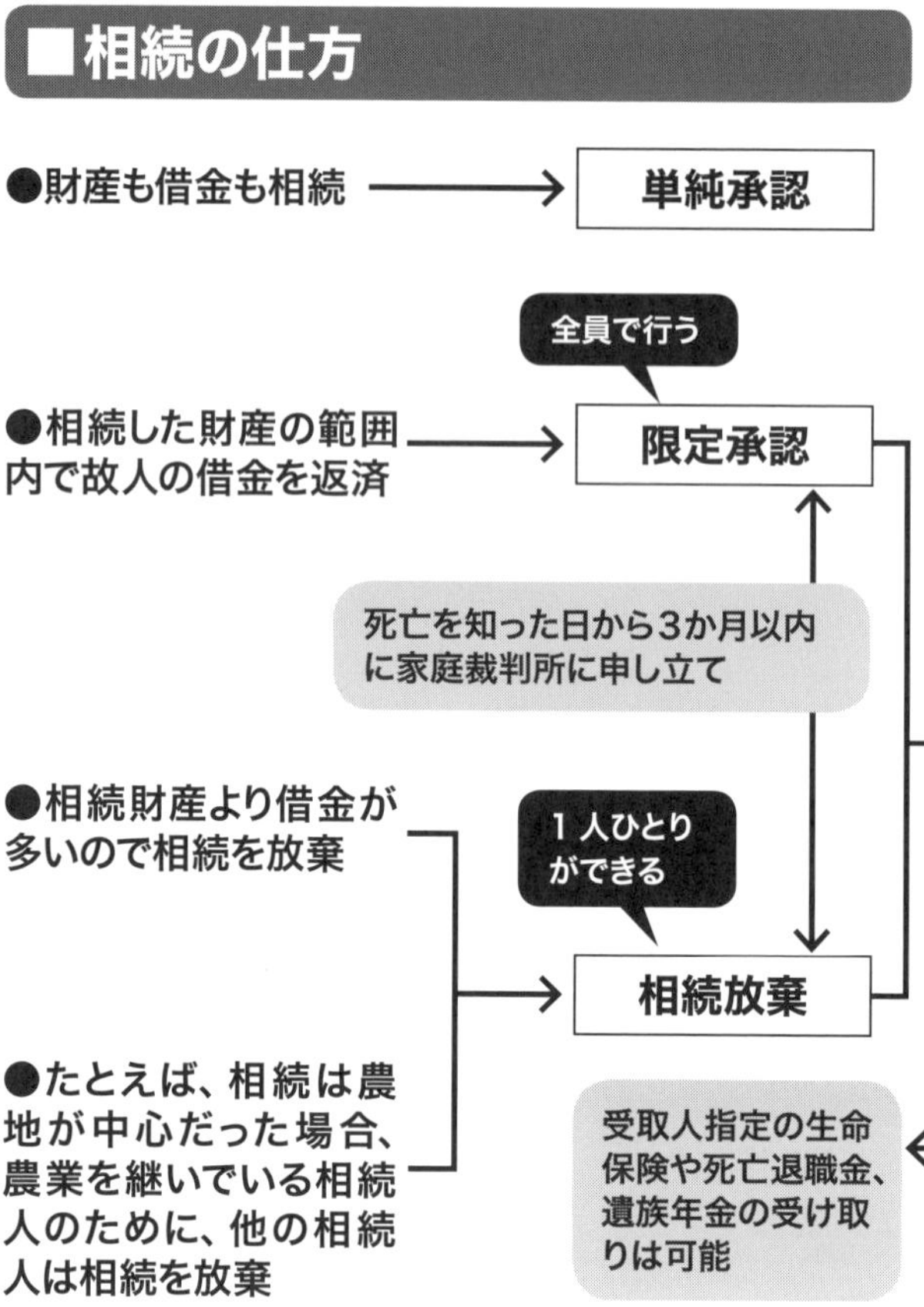
■相続の仕方
●財産も借金も相続
単純承認
全員で行う
●相続した財産の範囲内で故人の借金を返済
限定承認
死亡を知った日から３か月以内に家庭裁判所に申し立て
●相続財産より借金が多いので相続を放棄
１人ひとりができる
相続放棄
●たとえば、相続は農地が中心だった場合、農業を継いでいる相続人のために、他の相続人は相続を放棄
受取人指定の生命保険や死亡退職金、遺族年金の受け取りは可能

故人が生前に借金をしていたら？

故人（被相続人）が生前に債務を抱えていたとしたら、相続人に支払い請求がきます。

長い間行方不明だった父親の居所が死亡で明らかになったものの、多額の借金を抱えていたということも少なくありません。故人が第三者の保証人になっていることもあるものです。

それらのケースを含めて、引き継ぐ財産より借金や債務が多い場合は、相続放棄をすることが可能です。相続放棄は相続そのものを放棄することです。

引き継ぐ相続財産と債務のどち

■相続放棄があった場合は…

〈例〉

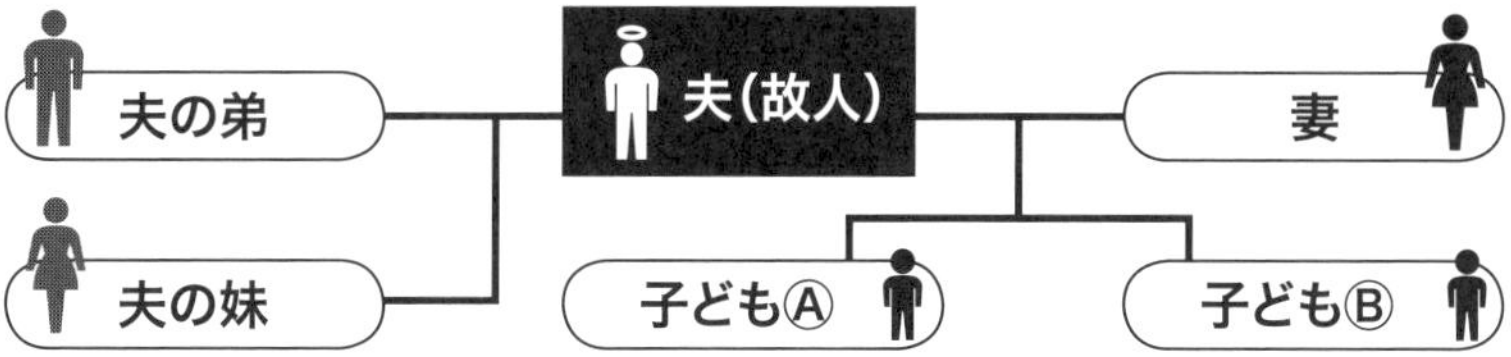
夫の弟
夫（故人）
妻
夫の妹
子どもⒶ
子どもⒷ

〈相続放棄があった場合の相続人〉

相続放棄人	相続人
妻	子どもⒶⒷ
子どもⒶ	妻、子どもⒷ
妻と子どもⒷ	子どもⒶ
子どもⒶⒷ	妻と夫の弟・妹
妻、子どもⒶⒷ	夫の弟・妹

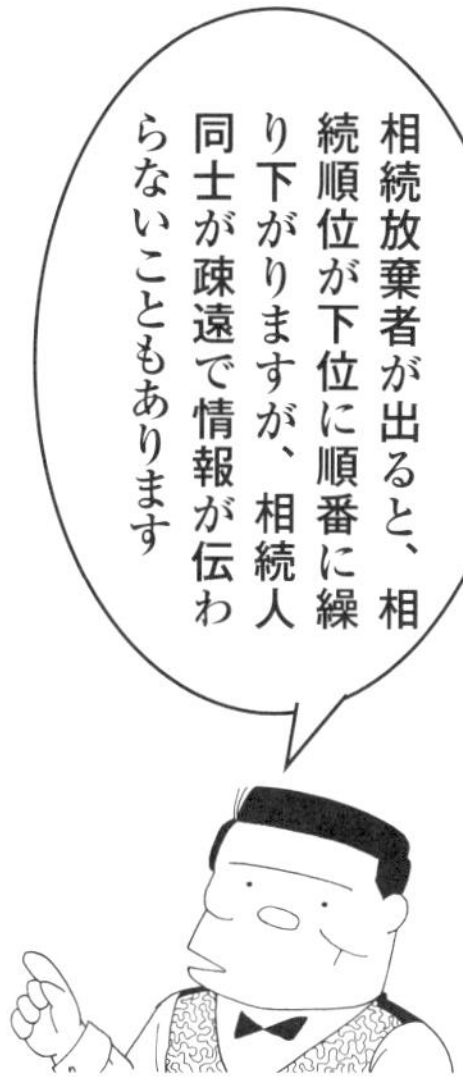
相続放棄者が出ると、相続順位が下位に順番に繰り下がりますが、相続人同士が疎遠で情報が伝わらないこともあります

らが多いかわからない場合は、限定承認をすることもできます。

相続財産の範囲で故人の借金や債務を引き継ぐことを限定承認といいます。いずれも死亡を知った日から3か月以内に、家庭裁判所に申し立てます。

相続放棄でも受取人指定の生命保険は受け取れる

相続放棄は相続人それぞれが申し立てることができます。それに対して、限定承認は相続人全員で行うことになっています。

なお、相続放棄をしても、遺族年金や受取人指定の生命保険の受け取りには支障はありません。

こんなとき、どうする？

■遺言Q&A

Q1 遺言によって遺贈を受けたのだけど、この場合、相続税と贈与税のどちらがかかるの？

A 相続税です。ただし、相続や遺贈を受けた人が、故人の１親等の血族（子、親）と配偶者以外の場合は、例外的な扱いになります。それぞれの税額が２割加算されるというものです。たとえば、兄弟姉妹や法定相続人以外の人が相続・遺贈された場合は、その人の相続税額の２割に相当する金額が加算されることになります。

Q2 遺言書が2通出てきた！　どちらが優先される？

A 遺言書は本人の生存中に「取り消し」「書き換え」ができることになっています。財産の記入漏れや、思い直しもあるでしょう。したがって、複数の遺言書が存在することもあり得ます。１通は配偶者向けで、もう１通は子ども向け、という場合もあり得るはずです。このように新旧の遺言書があったとしても、内容に矛盾がなければ、いずれの遺言書も有効です。ただし、矛盾する部分については日付が後の遺言書が優先されます。

Q3 遺言の内容と異なる遺産分割は可能？

A 遺言書に遺言執行者が指定されている場合と、指定されていない場合に分かれます。遺言執行者が指定されていなければ、遺言書で遺産の受取人と指定された人を含め相続人全員が合意し、遺言の内容と違う遺産分割を決めた場合、その遺産分割は有効です。つまり、遺言の内容と異なる遺産分割は可能ということです。

Q4 遺言によらない財産の贈与も可能と聞いたけど…？

A 生前に「死んだら、○×を贈与する」といった契約書を、贈与する人と贈与される人との間で交わす、死因贈与というものがあります。遺言書で指定する遺贈の場合は、受取人の了承は必要ありません。というより、遺言書を開封してはじめて指定されていることに気づく例もあるでしょう。これに対して死因贈与は、生前中の契約に基づくものです。財産を分ける人と受け取る人がお互いに合意している。この点が、遺贈と異なります。

第四章
相続財産の評価と相続税申告までの流れ

※本書は、平成23年2月のデータをもとにしています。法改正等により、数値に差異が出ることもあります。あらかじめご了承ください。

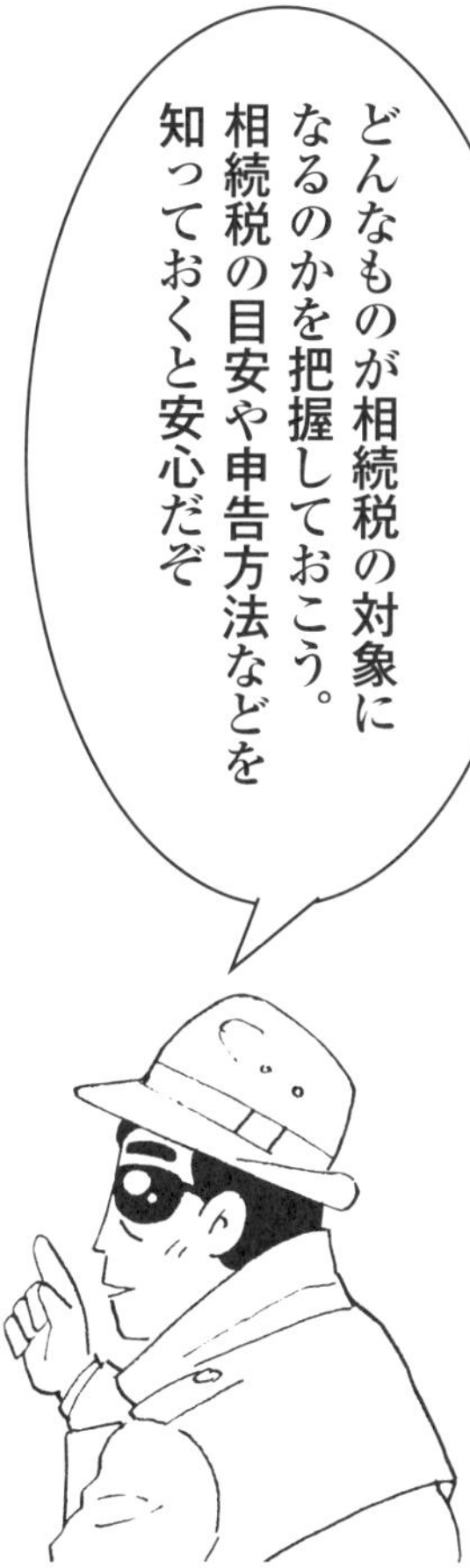
どんなものが相続税の対象になるのかを把握しておこう。相続税の目安や申告方法などを知っておくと安心だぞ

相続の実態はどうなっているの？

■相続税課税対象の被相続人（故人）

4万8016人

1億円以下····1万812人	1億円超········2万2430人
2億円超·······6979人	3億円超········4524人
5億円超········1465人	7億円超········881人
10億円超····703人	20億円超······194人
50億円超····25人	100億円超····3人

国税局別では、東京が1万5000人強でトップ。大阪8000人強、名古屋が約7500人などと続いています

相続財産の金額や内容

相続税の課税対象となるほどの相続財産を残した故人は、約４万８０００人。１人あたり２億２３３９万円、合計では10兆７２４８億円の財産を残したといっていいでしょう。その法定相続人は15万人超ですが、実際に納税した人はおよそ12万人。相続税額は１兆２５０４億円でした（２００８年ベース）。

およそ半分が土地で、現金・預貯金等、有価証券、家屋と続きます。金額別では、「１億円超〜２億円」が最多。１００億円超の３人を含め、10億円超は９２５人。

■相続の実態

〈被相続人数と納税額〉

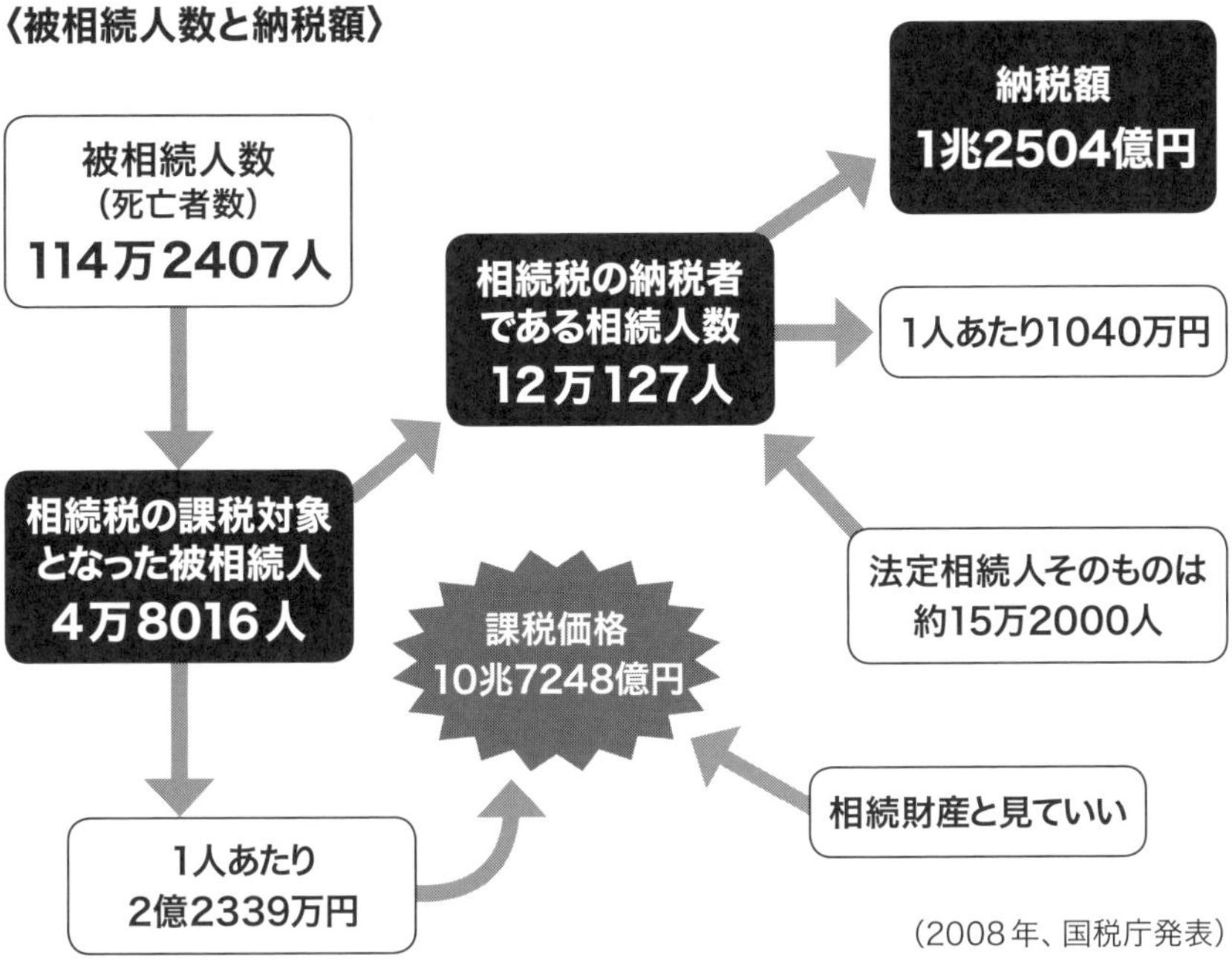
被相続人数
（死亡者数）
114万2407人
相続税の課税対象となった被相続人
4万8016人
1人あたり
2億2339万円
課税価格
10兆7248億円
相続財産と見ていい
相続税の納税者である相続人数
12万127人
法定相続人そのものは
約15万2000人
納税額
1兆2504億円
1人あたり1040万円

（2008年、国税庁発表）

〈相続財産の構成比〉

土地	現金・預貯金等	有価証券	家屋	その他
49.6%	21.5%	13.3%	5.4%	10.2%

相続人はどんなものを相続しているの？
半分くらいは土地を相続しているらしいですよ

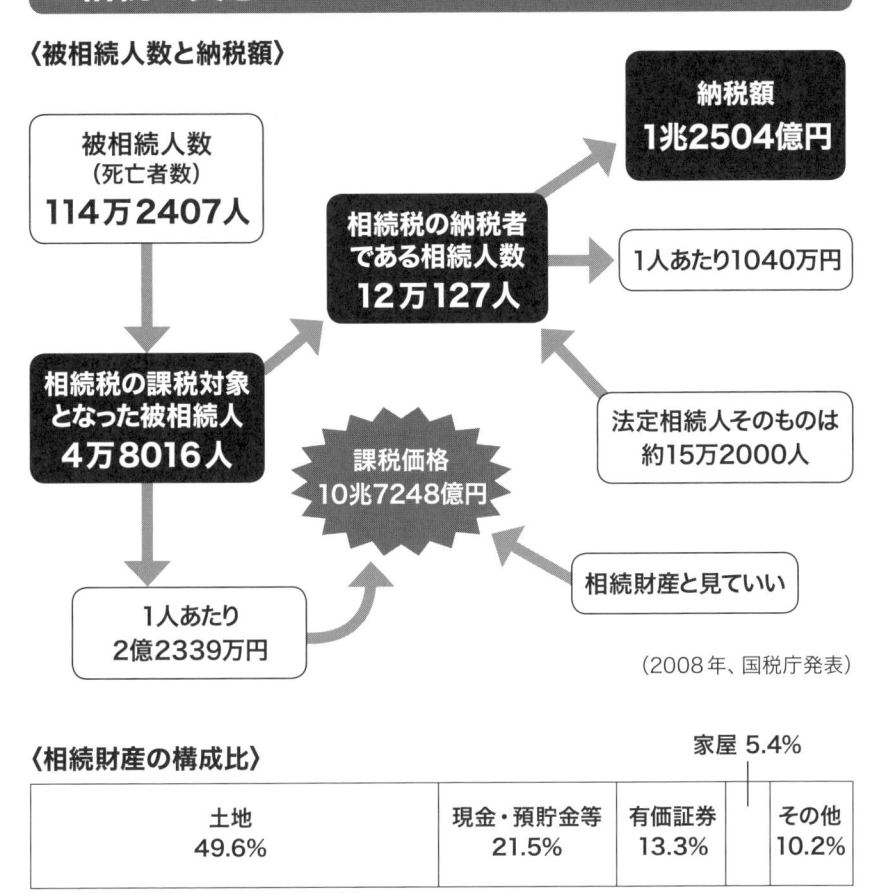

相続財産になるもの、ならないもの

■相続財産の区分け

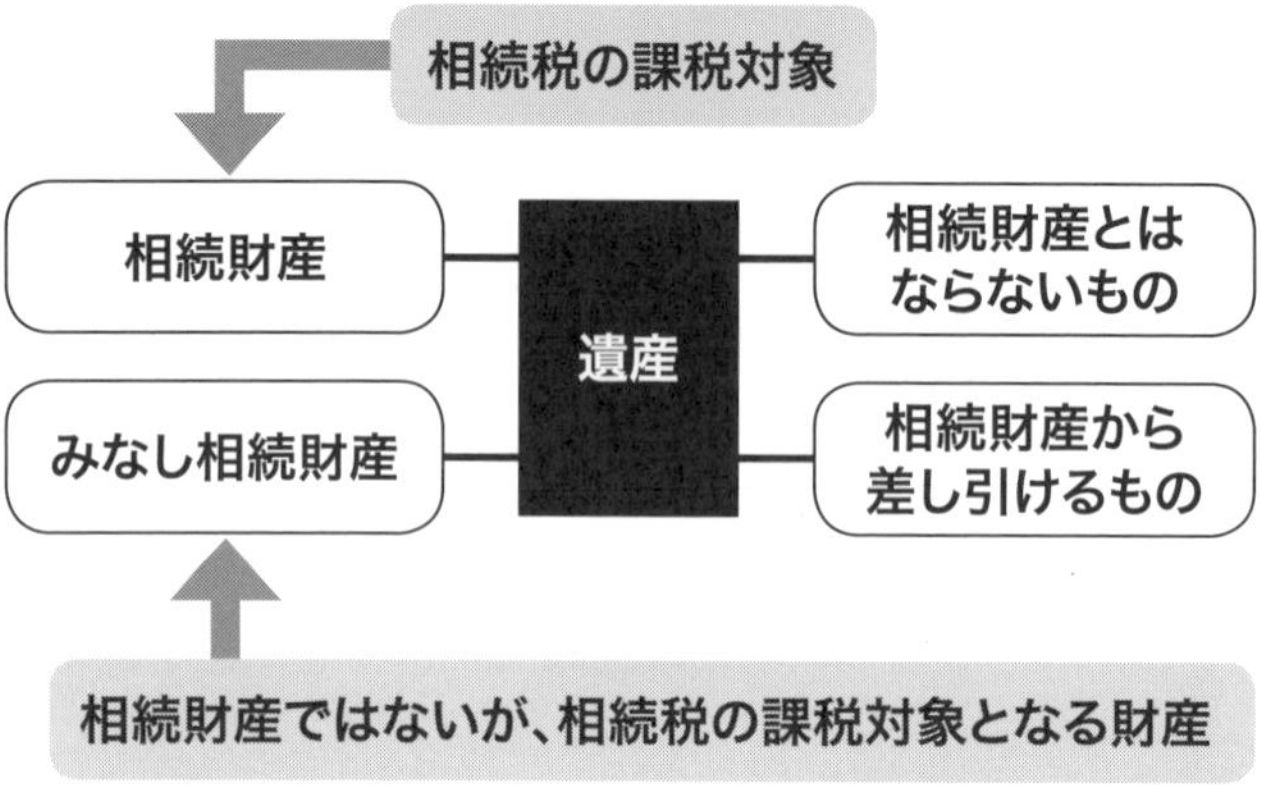

相続財産とはならないもの

- 香典
- 弔慰金
- 墓地・墓石・仏壇仏具（故人が生前に買い求めていれば）

相続財産から差し引けるもの

- 葬儀費用
- 借金・債務（ローンなど）
- 未払いの所得税、住民税、固定資産税など
- 国や地方公共団体、特定公益法人などに対する寄付

相続財産の把握

相続人は誰なのかを確認すると同時に、遺産を調査・確定し、相続の割合を決める――これが相続における一連の流れです。

その結果、相続税の申告が必要であれば、税務署に申告をすることになります。

遺産の種類

遺産は、①相続財産、②みなし相続財産、③相続財産にならないもの（非課税財産）、④相続財産から差し引きできるもの、に大別できます。

相続財産は、現金・預貯金、不

■相続税の課税対象となる財産は？

相続財産

- 現金・預貯金
- 株式や国債などの有価証券
- 投資信託
- 不動産（土地・建物）
- 借地権・貸家
- 貸付金
- 自動車・貴金属・書画骨董などの動産
- 特許権・著作権
- ゴルフ・リゾート会員権
- 事業・農業用財産

生前贈与
- 相続開始前３年以内の贈与財産
- 相続時精算課税制度の適用贈与財産

みなし相続財産

- 生命保険
- 死亡退職金・功労金
- 遺言による債務免除

動産などで、一定額を超せば、相続税の課税対象になります。相続財産ではないが、相続税の課税対象になるものは、みなし相続財産といい、受取人指定の生命保険などが該当します。

一方、葬儀での香典、故人が生前に購入した墓地や墓石、仏壇などは非課税財産です。葬儀費用やローンの残額、未払いの税金などは相続財産から差し引くことが可能です。

相続財産やみなし相続財産、生前贈与の一部などを含めて評価・計算し、遺産の総額を確定することが欠かせません。

相続税のしくみ

■まずは「課税価格」を計算

（それぞれの財産を評価）　（それぞれの財産を評価）

相続財産 ＋ みなし相続財産 ＋ 生前贈与の一部

－ 葬儀費用 － 借金・債務 ←― マイナス科目

＝ 課税価格の合計 ……相続税の課税対象になる遺産（一定の額を超えると相続税が発生）

※亡くなる（相続開始）以前の3年間の贈与は、相続財産に加算します。相続時精算課税制度の適用を受けた贈与も相続財産に加算します。

↓

それぞれの財産の評価額などから課税価格の合計を計算

遺産額に対する認識の違い

相続人が実感している遺産の額と、税務当局が認識する額（相続税の課税対象）は、異なっているのが一般的です。

現金や預貯金を除いた遺産については、それぞれ評価方法が決まっており、それに従うと実際よりは評価額が低くなることが多いものです。

代表的なものは不動産。相続したマイホームに住み続ける場合、その家を売却するわけにはいかないのですから、評価が下がるのは、当然といえば当然のことでしょう。

相続税はこうして決まる

課税対象である相続財産のそれぞれの評価額を合計したものに、みなし相続財産（生命保険など、被相続人の死亡によって相続人が得る財産）や生前贈与の一部などをプラスし、そこからマイナス科目である葬儀費用などを差し引いて正味の遺産を求めます。

これを課税価格の合計といいます。つまり、遺産の調査、評価・鑑定などを経て求めるこの課税価格の合計額によって、相続税を計算します。したがって、相続財産の評価が、重要なポイントになります。

どの程度の遺産を相続すると相続税がかかるの？

■控除制度があって、配偶者には相続税がほとんどかからない！

配偶者控除制度 ──→ **適用を受けるためには必ず申告**

配偶者が取得する財産

課税価格1億6000万円以下 **か** **他の相続人を含めた課税価格の合計の法定相続分まで** ‥‥‥ **相続税はかからない**

【その他の主な控除制度】

未成年者控除
相続人が未成年者のときは、相続税額から一定の金額を差し引ける

障害者控除
相続人が障害者のときは、相続税額から一定の金額を差し引ける

贈与税額控除
生前贈与を受けていた相続人で、すでに贈与税を課せられている場合に適用される

外国税額控除
外国で相続税に相当する税金が課せられた場合、相続税額から一定の金額を差し引ける

相次相続控除
10年以内に2回以上の相続があった場合に適用される

法定相続人数によって異なる

相続税では、基礎控除制度が設けられています。

法定相続人数に1000万円を乗じた金額プラス5000万円。たとえば、法定相続人が2人なら7000万円、3人ならば8000万円です。この基礎控除額を下回れば、相続税がかからないことになります。その他にも、各種控除制度があり、未成年者や障害者が法定相続人である場合は、相続税額から一定の金額を差し引けることになっています。とくに配偶者の場合は、相続税がほとんどかからない制度が用意されています。

■相続税がかかる、かからない？

課税価格の合計 ＞ 基礎控除額 ……相続税がかかる

課税価格の合計 ＜ 基礎控除額 ……相続税がかからない

↓

5000万円＋法定相続人数×1000万円

遺産にかかる基礎控除額

法定相続人１人…6000万円	法定相続人２人…7000万円
法定相続人３人…8000万円	法定相続人４人…9000万円
法定相続人５人…１億円	法定相続人６人…１億1000万円

つまり

配偶者控除制度を活用するときは、相続税がかからなくても必ず申告すること

この範囲内なら相続税はかからない

控除制度を利用すれば相続税がかからないこともあるのに
ガーン

おおよその相続税を知りたい——遺産が1億円、2億円…では？

ハッ
配偶者控除を利用すると…
配偶者の場合は1億円や2億円の財産を相続しても税金がかからない場合があるんだね

相続税がかかる目安

左ページの表は、基礎控除と配偶者控除を活用したとして、相続税がどの程度発生するのかを示したものです。相続人の組み合わせや配分比率などによって異なりますが、目安になることでしょう。

配偶者の場合は、相続税の課税対象となる課税価格の合計が、１億６０００万円以下の場合か、法定相続分までは相続税がかからないことになっています。

つまり、課税価格の合計が、５億円や10億円であろうが、配偶者の場合は、法定相続以内に収まっていれば無税ということです。

■この遺産（課税価格の合計）の場合の相続税は？

法定相続分により相続したとして…

課税価格の合計額／相続人		8000万円	1億円	1億5000万円	2億円	3億円
配偶者と子ども1人	配	0円（50万円）	0円（175万円）	0円（600万円）	0円（1250万円）	0円（2900万円）
	子	50万円	175万円	600万円	1250万円	2900万円
配偶者と子ども2人	配	0円（0円）	0円（100万円）	0円（462万円）	0円（950万円）	0円（2300万円）
	子	0円	50万円	231万円	475万円	1150万円
	子	0円	50万円	231万円	475万円	1150万円
配偶者と子ども3人	配	0円（0円）	0円（49万円）	0円（350万円）	0円（811万円）	0円（2000万円）
	子	0円	16万円	116万円	270万円	666万円
	子	0円	16万円	116万円	270万円	666万円
	子	0円	16万円	116万円	270万円	666万円

（1万円未満は切り捨てて計算。配偶者のカッコ内は控除制度を利用しない場合の税額）

実際の計算は87ページの図を参照しよう

【相続税額の速算表】

課税標準	税率	控除額
1千万円以下	10%	ー
3千万円以下	15%	50万円
5千万円以下	20%	200万円
1億円以下	30%	700万円
3億円以下	40%	1700万円
3億円超	50%	4700万円

相続税はどうやって計算するの？

■相続税計算の順序

①課税価格の合計−基礎控除（5000万円＋法定相続人数×1000万円）＝A

②Aを法定相続人に、法定相続の割合で分けたものとして、各人の相続税額を計算

③②で算出した各相続人の相続税額を合計する。これが相続税の総額になる

④実際の相続配分にしたがって、③の相続税の総額を、各相続人に割り振る

⑤法定相続人それぞれの相続税額を確定

※②〜⑤は左ページ参照。

相続税の計算方法

計算のポイントは、法定相続による割合で分けたと仮定し、法定相続人それぞれの税額を算出。その合計額を、実際の相続割合に応じて、法定相続人それぞれにかかる相続税を確定させるということです。課税価格の合計額（上記のA）に税率をかけるわけではありません。

相続人が妻と子ども２人。課税価格の合計が２億円だった場合の相続税の計算をしてみましょう。

基礎控除を差し引いた１億２０００万円を法定相続に従い、妻に６０００万円、子どもそれぞれに３０００万円ずつを配分したと仮定します。税率をかけると妻は１１００万円、子どもはそれぞれ４００万円で、合計１９００万円になり、これがこの事例の相続税の総額になります。その１９００万円を、実際に相続した割合で割り振ります。妻は９５０万円（配偶者控除の利用で実際は０円）、子どもはそれぞれ７６０万円、１９０万円の相続税がかかることになります。

■相続税を計算してみよう

相続人　妻と子ども2人

課税価格の合計　2億円（妻：1億円、子どもA：8000万円、子どもB：2000万円）

基礎控除　8000万円（5000万円＋1000万円×3人）

課税価格の合計　2億円－8000万円＝**1億2000万円**（A）

↓

② 法定相続による割合で分けるとして計算

妻	1億2000万円×1/2＝6000万円
子どもA	1億2000万円×1/4＝3000万円
子どもB	1億2000万円×1/4＝3000万円

↓

85ページの速算表で計算

③ 相続税の総額を算出

妻	6000万円×0.3－700万円＝1100万円
子どもA	3000万円×0.15－50万円＝400万円
子どもB	3000万円×0.15－50万円＝400万円

これが相続税の総額 → **1900万円**

↓

相続割合　妻＝1/2、子どもA＝2/5、子どもB＝1/10

④ それぞれの税額を計算

妻	1900万円×1/2＝950万円
子どもA	1900万円×2/5＝760万円
子どもB	1900万円×1/10＝190万円

↓

⑤ 実際の納税額

妻	0円（配偶者控除を利用）
子どもA	760万円
子どもB	190万円

子どもA・子どもB 合計で **950万円**

相続税の申告方法

■申告書記載の順序

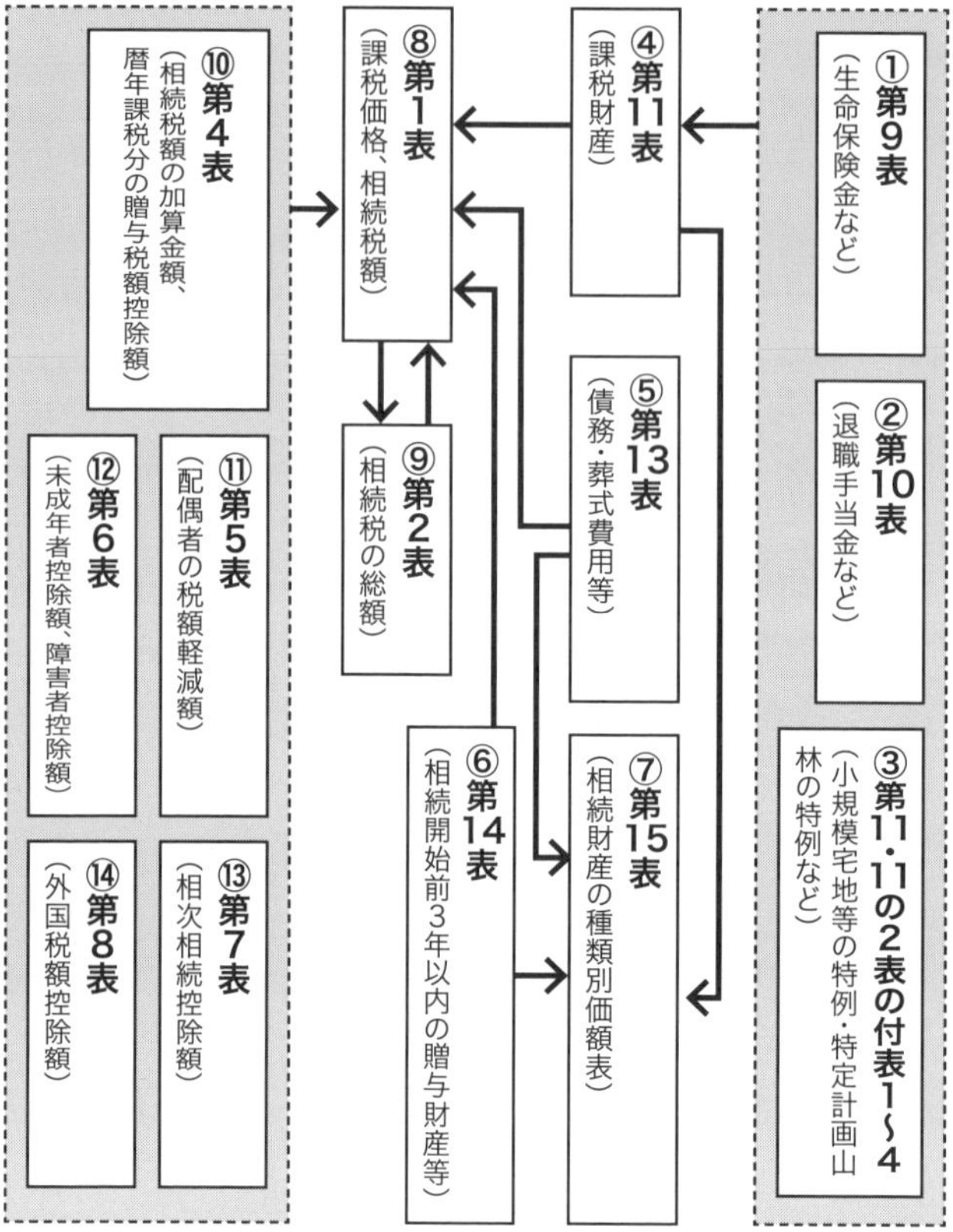
①第9表
（生命保険金など）
②第10表
（退職手当金など）
③第11・11の2表の付表1〜4
（小規模宅地等の特例・特定計画山林の特例など）
④第11表
（課税財産）
⑤第13表
（債務・葬式費用等）
⑥第14表
（相続開始前3年以内の贈与財産等）
⑦第15表
（相続財産の種類別価額表）
⑧第1表
（課税価格、相続税額）
⑨第2表
（相続税の総額）
⑩第4表
（相続税額の加算金額、暦年課税分の贈与税額控除額）
⑪第5表
（配偶者の税額軽減額）
⑫第6表
（未成年者控除額、障害者控除額）
⑬第7表
（相次相続控除額）
⑭第8表
（外国税額控除額）

申告書の作成手順

相続税の申告書は第1表から第15表まであり、その他に付表も添えることになります。必要がないものは省略できるとはいえ、申告書の作成は煩雑です。

相続税のかかる財産や債務・葬式費用など、第9表から第15表を最初に作成します。続いて、課税価格の合計額や相続税の総額を出すために第1表、第2表を作成。最後に第4表から第8表で税額控除の額を計算し、それを第1表に反映させ、各人の相続税額を算定する、というのがおおよその手順です。

■相続税の申告書

こいつが相続税の申告書について知りたいというからマスターお願いね
よろしくお願いします
申告書には第１表から第15表まであって
さらに付表もあるんです
そうですか手続きが煩雑なんですね
国税庁のホームページには「相続税の申告の仕方」だけでも70ページ以上ありますしね！
その通りです
それでも専門家に頼まずに
自分でやる人もいるんでしょ
頑張ればもちろんご自分でもできますよ
ただし期限があることをお忘れなく！

故人に代わって確定申告を行う

故人が毎年、確定申告をしていた場合は、故人に代わって確定申告をすることになります。正式には「準確定申告」といい、相続開始の翌日から４か月以内に申告をすることになります。死亡月が１月や２月の場合は、前年分の確定申告をしていないのが一般的です。その際は、準確定申告と確定申告をすることになります。

相続税の申告に誤りがあったり、納税資金が足りない場合

■申告に間違いがあったり、金銭での納付ができないときは？

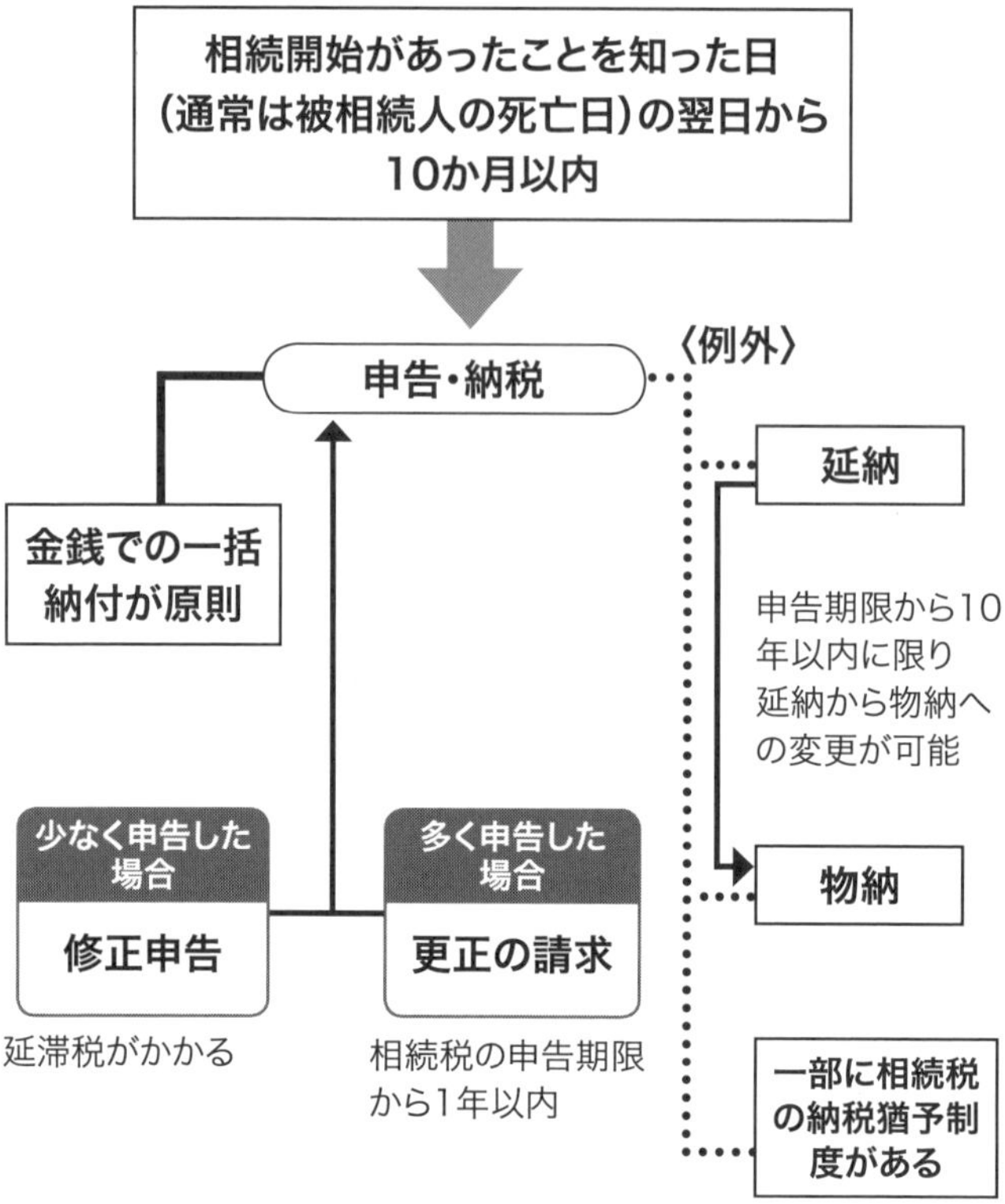
相続開始があったことを知った日（通常は被相続人の死亡日）の翌日から10か月以内
申告・納税
〈例外〉
延納
金銭での一括納付が原則
申告期限から10年以内に限り延納から物納への変更が可能
少なく申告した場合
修正申告
延滞税がかかる
多く申告した場合
更正の請求
相続税の申告期限から1年以内
物納
一部に相続税の納税猶予制度がある

申告書の訂正

相続税の申告・納付を済ませた後に、誤りに気がついたときは、申告書を訂正することになります。相続税を少なく申告・納付してしまったときは、修正申告書を提出します。この場合、延滞税がかかります。相続税を多く申告・納付したときは、正当な額に直すように更正の請求をすることになります。更正の請求は、相続税の申告期限から1年以内、という期限が設定されています。

一括金銭納付以外の方法

一方、一括金銭納付が原則の相

■納税資金がなかったら…

延納とは…年賦での納付（金銭納付）

相続税額が10万円を超える場合、期限内一括納付が困難な事由があれば、担保の提供などを条件に納税期間を延長（最長20年）できる

↑ 利子税がつく

物納とは…不動産など金銭以外での納付

延納によっても金銭で納付することが困難な事由があることなどが条件。国内にあって、担保が設定されていたり、境界が明らかでない土地など、不適格な財産でないことも条件

↑ 物納が認められることで納付があったとされる日までの期間、利子税がかかる

評価額が実勢より割安になることが多い

続税の支払いが困難な場合は、延納と物納という方法を選ぶことも可能です。

延納は分割（年賦）による金銭納付で、相続財産に占める不動産の割合などで延納期間が決まるほか、利子税もかかります。担保の提供も求められます。

物納は不動産などでの納付をいい、相当の事由を必要とされるほか、物納適格財産であること、などの要件がつきます。

なお、相続人の一人が相続税を納付しない場合、他の相続人が連帯して納付する義務を負うケースも出てきます。

相続税の税額に直結する財産の評価

相続税を左右する財産評価

相続手続きの中で重要なポイントのひとつが、財産の評価です。とくに、財産の中でも課税対象の財産の評価が済まないうちは、実際のところ、相続税の申告をすることはできません。また、相続税は、課税対象の財産を評価することで算出される課税価格の合計額にかかってきます。つまり、評価が高くなれば相続税の負担は増

■相続税に大きくかかわる遺産の評価とは

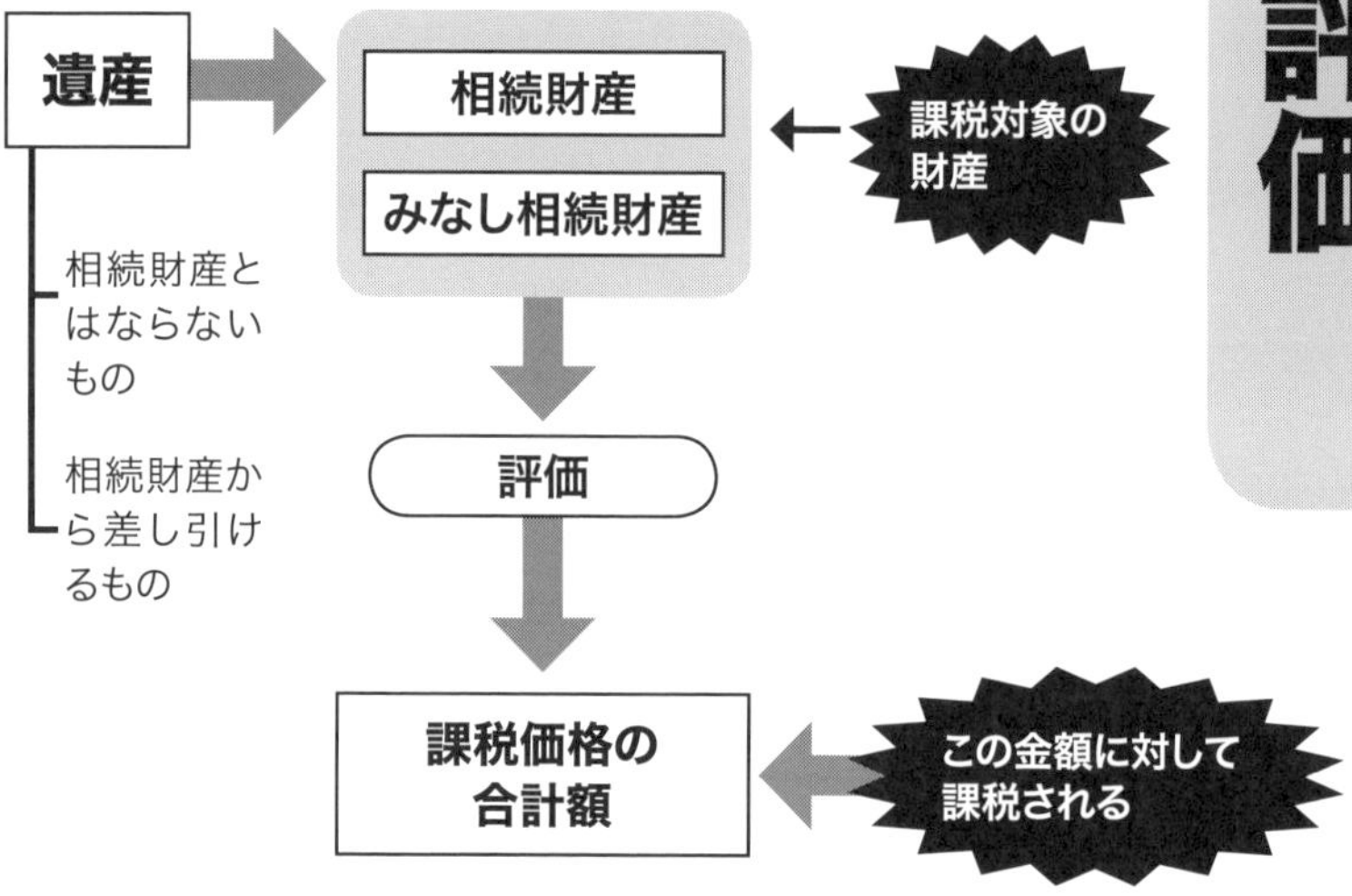
遺産
相続財産
みなし相続財産
課税対象の財産
相続財産とはならないもの
相続財産から差し引けるもの
評価
課税価格の合計額
この金額に対して課税される

相続財産の評価によって
相続税が高くなったり
低くなったりするのね！

し、評価が低くなれば相続税の負担は軽減されます。財産の評価は、相続手続きのハイライトです。

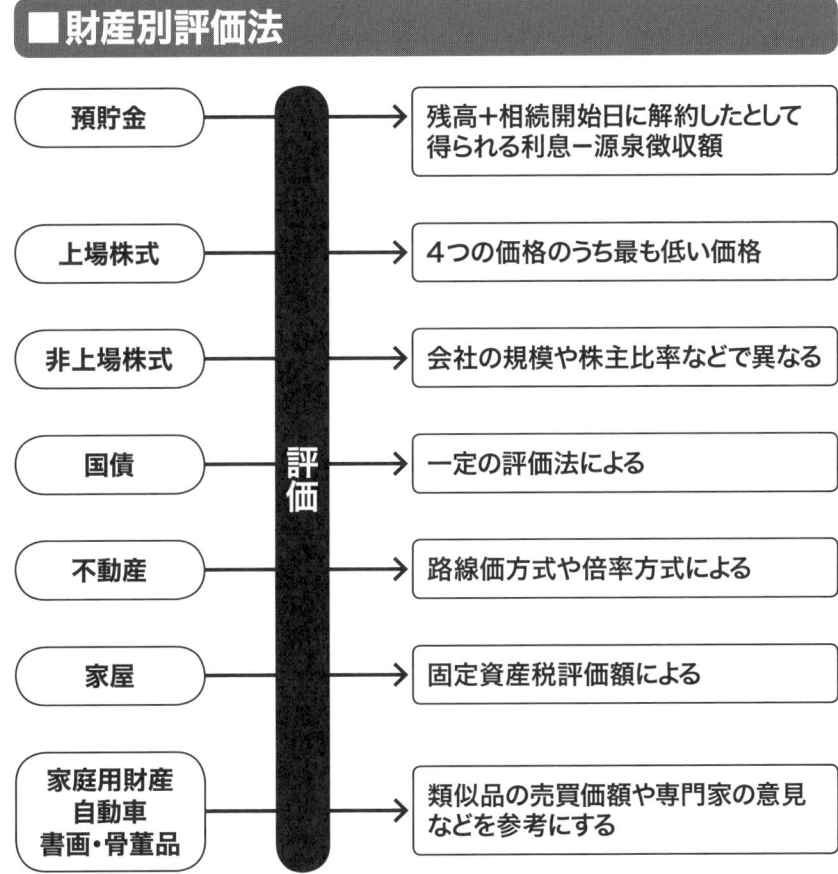

評価の難しい財産

相続開始日に解約したとして得られるであろう利息などを含めて評価する預貯金や、4つの価格の中で最も低い数値を選択する上場株式の価格はともかく、不動産や非上場株式の評価は複雑です。

相続で引き継ぐ財産の評価は、相続人から依頼を受けることが多い、税理士など専門家にとっても最も手腕を問われる場面といっても過言ではないでしょう。

■財産別評価法

財産	評価
預貯金	残高＋相続開始日に解約したとして得られる利息－源泉徴収額
上場株式	4つの価格のうち最も低い価格
非上場株式	会社の規模や株主比率などで異なる
国債	一定の評価法による
不動産	路線価方式や倍率方式による
家屋	固定資産税評価額による
家庭用財産 自動車 書画・骨董品	類似品の売買価額や専門家の意見などを参考にする

上場株式や国債、投資信託の評価方法は？

■上場株式の評価方法

証券取引所で取引されている株式で、上場基準を満たすものを「上場株式」といいます。上場株式の評価は、被相続人の死亡日や死亡した月、前月、前々月の価格を基準に評価します。

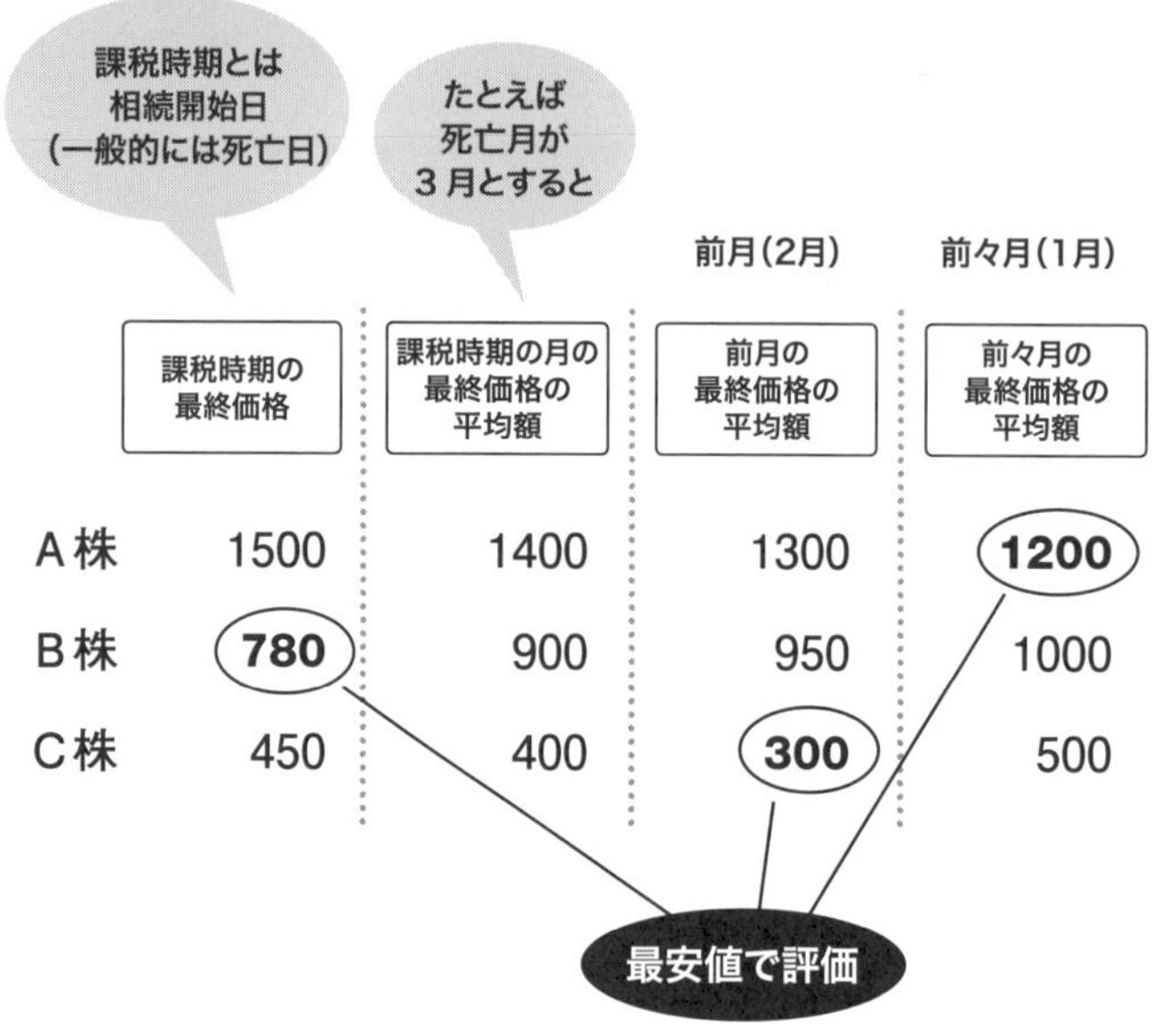

課税時期とは
相続開始日
（一般的には死亡日）
たとえば
死亡月が
３月とすると
前月（2月）
前々月（1月）
課税時期の
最終価格
課税時期の月の
最終価格の
平均額
前月の
最終価格の
平均額
前々月の
最終価格の
平均額
A株 1500 1400 1300 1200
B株 780 900 950 1000
C株 450 400 300 500
最安値で評価

上場株式等の評価基準

上場株式や国債、投資信託は換金性が高く、国債は物納申請財産の第1順位になっているほどです。ただし、預貯金とは異なり、一定の基準で評価をすることになります。上場株式は、①〜④の最も低い価格で評価します。

①死亡日の最終価格（終値）
②死亡月の最終価格の平均額
③死亡月の前月の最終価格の平均額
④死亡月の前々月の最終価格の平均額

個人向け国債は、正式には「個人向け利付国庫債券」といい、一

■国債や投資信託の評価は？

相続開始日（課税時期）に中途換金したり、証券会社など金融機関に買取請求をしたと仮定し、支払いを受け取ることができる価額

国債	額面金額 ＋ 利子（経過利子相当額） − 中途換金調整額
投資信託	1口当たりの基準価額 × 口数 −（税金関連＋解約手数料関連）

個人向け国債は通常10年が満期だから死亡日に受け取れる
金額を評価額とするのですね

般的には10年満期（3年・5年のものもある）ですが、死亡日に解約したとして受け取ることができる金額が評価額になります。

投資信託も基本的には、死亡日の受取額に相当する金額が評価額になります。

国債や投資信託は、上場株式と同じように取引残高証明書や預金通帳の配当入金を確認することで、有無が確認できるのです

■土地評価の基本

家屋 → 固定資産税評価額
（市区町村役所が３年ごとに算定）

土地 → 路線価方式か倍率方式が基本

└田畑、山林 → 固定資産税評価額×一定の倍率

●路線価方式

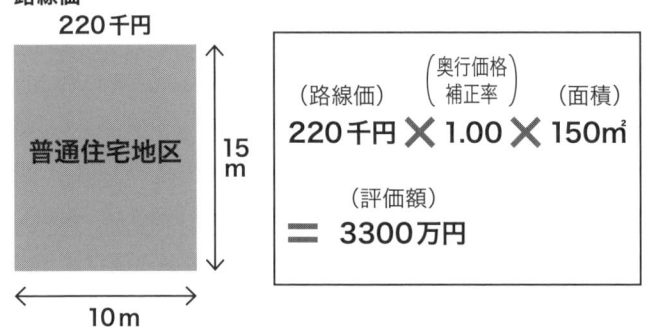

路線価
220千円

普通住宅地区
15m
10m

（路線価）　（奥行価格補正率）　（面積）
220千円 × 1.00 × 150㎡

（評価額）
＝ 3300万円

●倍率方式の基本

路線価方式で評価するということ

宅地比準方式で評価するということ（市街地にある田畑など）

町（丁目）または大字名	適用地域名	借地権割合	固定資産税評価額に乗ずる倍率等		
			宅地	田	畑
A町	全域	% —	倍 路線	倍 比準	倍 比準
B町	全域	—	路線	比準	比準
C町	全域	60	1.1	比準	比準

借地の場合の評価割合

宅地の固定資産税評価額に乗ずる倍率が1.1ということ

（評価額）　　（倍率）
1100万円 ＝（固定資産税評価額）× 1.1
1000万円

土地の評価が左右する相続財産評価

相続税がかかるのかどうか、かかるとすればどの程度なのか？　それは土地の評価にかかっているといえます。相続財産評価の最大のポイントは、土地の評価です。

土地の評価については、基本的には路線価方式か倍率方式によります。都市部で適用されることが多い路線価方式は、国税庁が発表する路線価を基準にするものです。ただし、土地の形状はさまざまであり、実際は奥行や間口、道路への接し方などを加味し、路線価の補正をしたうえで評価額を出すことになります。

こんなとき、どうする？

■相続Q&A

Q1 故人（被相続人）は相続財産よりも債務のほうが多く、相続放棄をしようと思っているけれど、一度決めたら撤回できない？

A 相続放棄の申し立てをすれば、撤回することは基本的にはできません。したがって、よく調べたら多額の預貯金が見つかった、などということがないように、相続放棄をする場合は、十分かつ慎重に調査する必要があります。相続開始を知った日から３か月以内に申し立てをすることになっていますが、３か月では十分な調査ができない場合は、相続放棄の期間延長を家庭裁判所に申し立てることで３か月延長できます。

Q2 相続放棄と限定承認ってどう違うの？

A 相続した遺産の範囲内で債務を返済するという限定承認は、相続人全員で行う必要があります。１人でも反対する相続人がいれば、限定承認は認められません。なおかつ、財産目録の作成、債権者への通知や相続財産からの配当など、しなければならない手続きが煩雑です。したがって、実際には１人でもできる相続放棄が多く、限定承認を利用する人は少ないようです。

Q3 正式な婚姻関係がない故人との間の子どもは相続人になれる？

A 情人の相続分はありませんが、故人が子どもを認知していれば、その子どもは相続することができます。ただし、結婚していない者同士の間に生まれた子ども、つまり、非嫡出子は配偶者との間の子ども（嫡出子）の半分の相続にとどまります。認知がない場合は、相続権はありません。また、子をともなって再婚した場合、再婚相手が死亡しても、その子が故人と養子縁組をしていなければ相続権は発生しません。

Q4 葬儀費用は相続財産から差し引けるそうだけど、香典の扱いは？葬儀費用の範囲はどこまで？

A 遺族が受け取る香典は非課税扱いで、相続税や所得税の対象にはなりません。また、葬儀費用は相続財産から差し引くことができます。ただし、香典返しは葬儀費用には含まれません。四十九日法要や仏壇・仏具代、墓地費用も葬儀費用には含まれません。故人が生前に買い求めたものであっても、墓地や仏壇・仏具などは、相続財産とはなりません。

第五章
節税対策の基礎知識

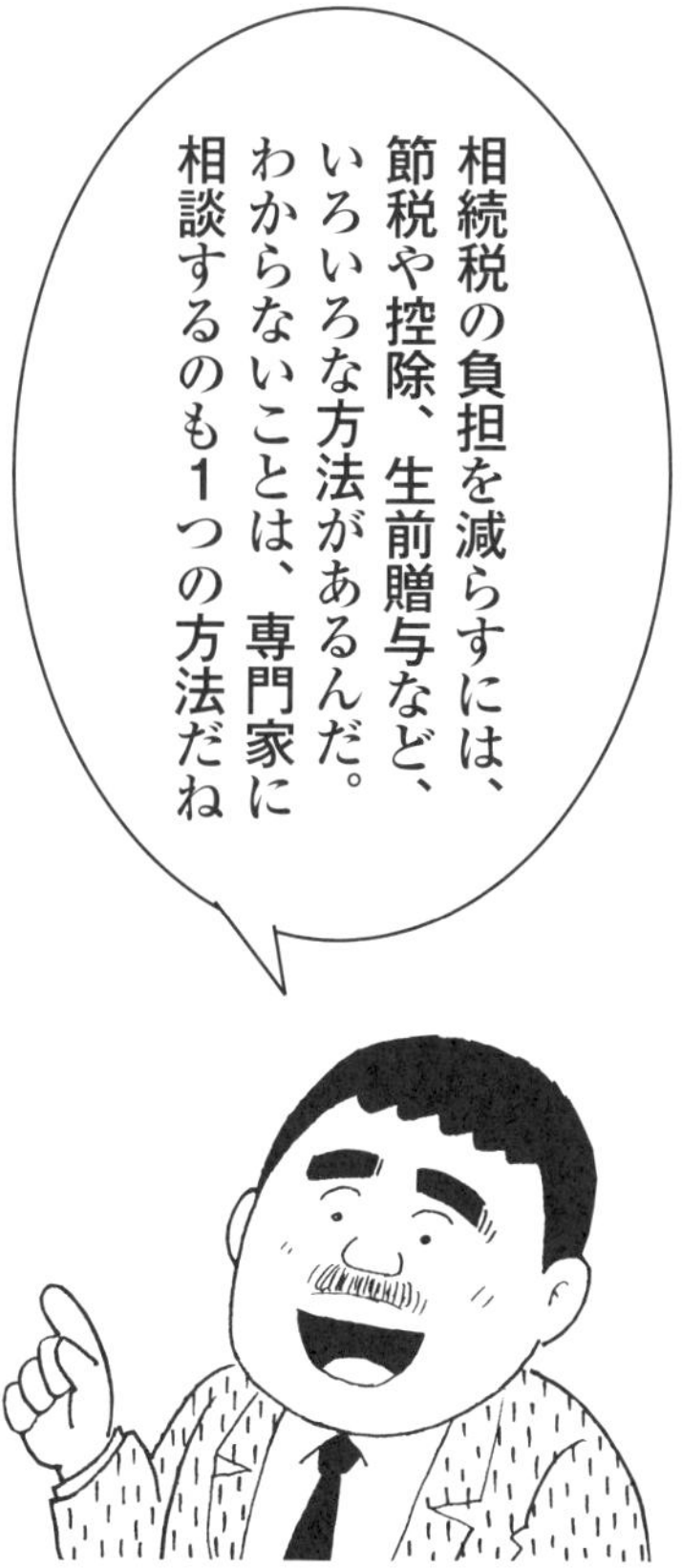
相続税の負担を減らすには、節税や控除、生前贈与など、いろいろな方法があるんだ。わからないことは、専門家に相談するのも1つの方法だね

節税するための対策とは？

3つの節税対策

できるだけ相続税の負担を軽くしたい、とは誰もが思うことです。そのためには、節税対策がポイントになります。大まかな方法としては、「相続財産を減らす」「制度を活用する」「相続財産の評価を下げる」があり、この3つを組み合わせることで節税をします。もちろん、節税と脱税は全く異なるものです。

相続税の負担を軽くすることができるケースもあるんですよ

節税対策にはどんな方法があるの？
まずは「相続財産を減らす」
あとは「制度の活用」「財産の評価を下げる」の3つです

■節税への基本スタンス

- ①相続財産を減らす……生前贈与制度の活用、現金や預貯金を保険や不動産へシフト
- ②制度を活用……控除制度などの活用（養子縁組による基礎控除の拡大など）
- ③評価を下げる……相続財産の評価減の活用

■節税とは

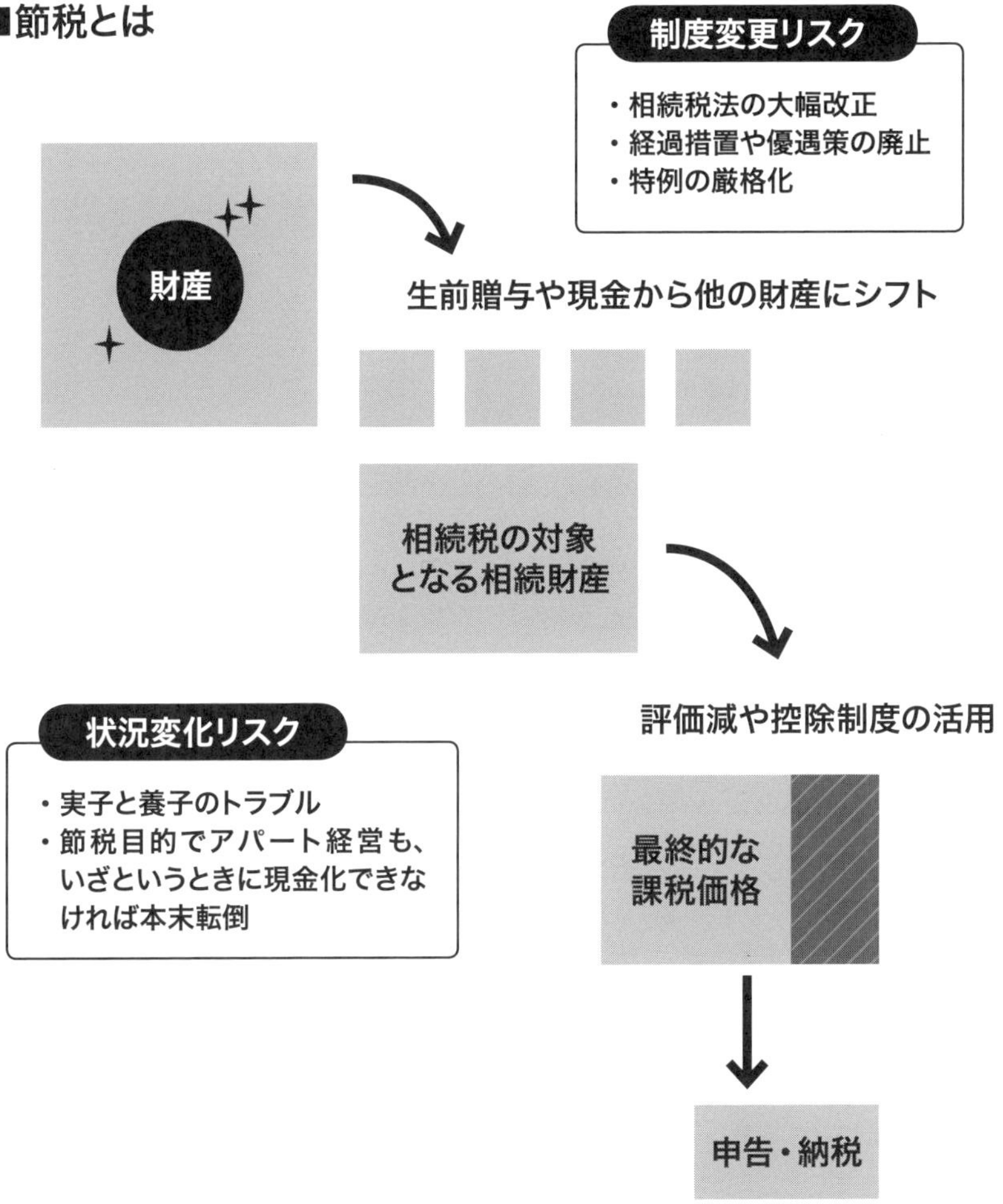
制度変更リスク
・相続税法の大幅改正
・経過措置や優遇策の廃止
・特例の厳格化
財産
生前贈与や現金から他の財産にシフト
相続税の対象
となる相続財産
評価減や控除制度の活用
状況変化リスク
・実子と養子のトラブル
・節税目的でアパート経営も、
いざというときに現金化できな
ければ本末転倒
最終的な
課税価格
申告・納税

節税や控除を活用する

節税のための具体例

節税を行うにあたり、具体的な方法としては、生前贈与の活用が考えられます。相続人が増えることで基礎控除が拡大する制度を利用するために、養子縁組も選択肢に入れていいでしょう。専門的になりますが、土地などの相続財産の評価減も大いに活用すべきです。相続トラブルの未然防止と節税対策は、生前にできることです。

備えあれば憂いなし！
遺産を受け継がせたいという人のことも考えておこう

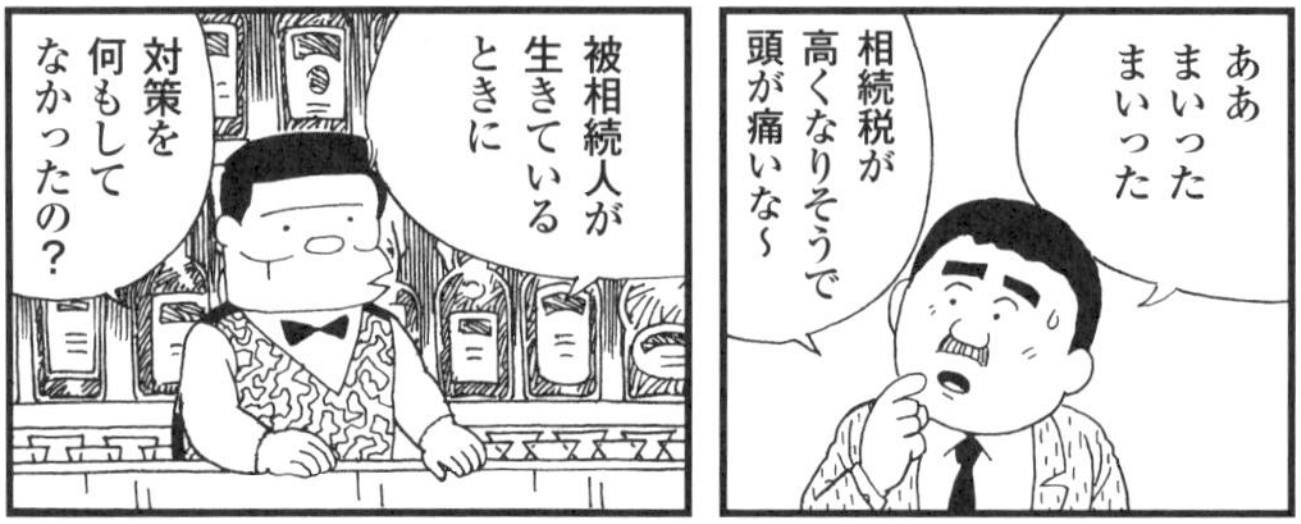
ああ まいった まいった
相続税が高くなりそうで頭が痛いな〜
被相続人が生きているときに
対策を何もしてなかったの？

えっ 具体的に何ができるの？
だって相続って亡くなってからの話でしょ
まったく…
生前贈与とかいろいろあるでしょ

■節税のために押さえておきたいポイント

各種控除制度の活用

■基礎控除　5000 万円＋法定相続人数× 1000 万円

■配偶者控除　法定相続による配分以内なら金額を問わず、または 1 億 6000 万円以下なら非課税

■生命保険控除　500 万円×法定相続人数

生前贈与の活用

■暦年贈与　年間 110 万円までは非課税

■相続時精算課税制度　2500 万円まで非課税（ただし、相続が発生すると相続財産に加える）

■住宅取得等資金の贈与　2010 年分は 1500 万円まで、2011 年分は 1000 万円までの非課税枠が適用（時限立法）

■婚姻期間 20 年以上の夫婦間の特例　居住用不動産、またはその取得費用として 2000 万円まで非課税（暦年贈与 110 万円との重複適用可能）

制度の活用

■小規模宅地等の評価減特例の活用　80 ～ 50%の減額

■不動産評価方法の活用　広大地評価、鑑定評価など

■非上場株式等にかかわる相続税納税猶予の特例を活用

■農地等を相続した場合の相続税納税猶予の特例を活用

相続税の節税には、各種制度や控除を組み合わせて活用することがポイント。節税最優先では、結果的に失敗することも多い

小規模宅地等80%評価減とは？

■小規模宅地等の評価減の特例

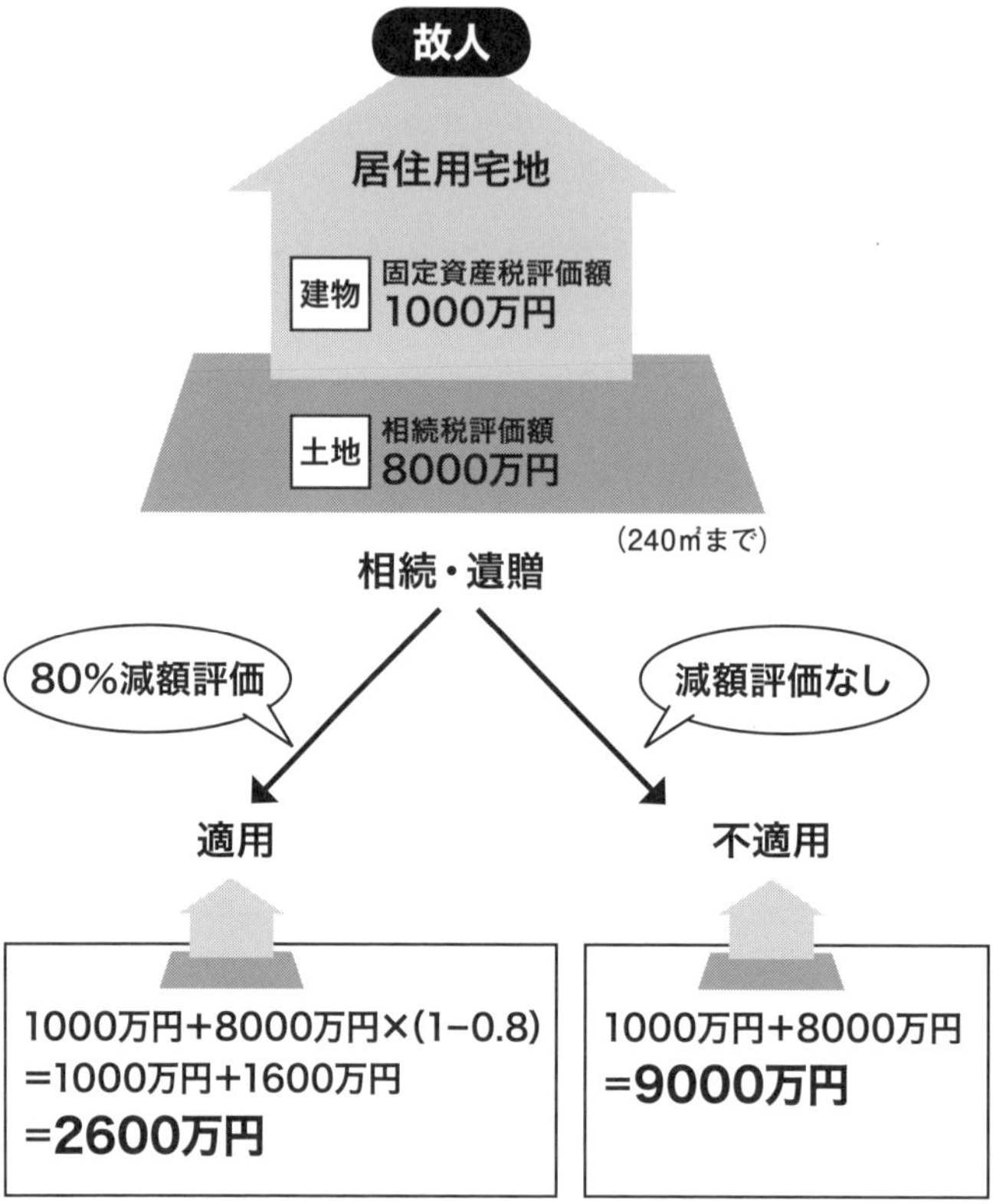
故人
居住用宅地
建物
固定資産税評価額
1000万円
土地
相続税評価額
8000万円
（240㎡まで）
相続・遺贈
80%減額評価
減額評価なし
適用
不適用
1000万円+8000万円×(1−0.8)
=1000万円+1600万円
=2600万円
1000万円+8000万円
=9000万円

評価を80%下げる特例

たとえば、8000万円（相続税評価額）の土地は、1600万円まで評価を下げることができます。80%減、つまりは元々の2割の評価にすることができます。これが「小規模宅地等の評価減の特例」です。相続するマイホームや店舗などを手放すことがないようにするための配慮といっていいでしょう。ただし、この特例の適用を受けるためには左ページの①〜③など、一定の要件が必要です。また、特例を受けることで相続税がゼロになる場合でも、申告書の提出は欠かせません。

■小規模宅地等の評価減の特例とは？

どんな「宅地等」が適用可能なの？

①故人または故人と生計を一にする子どもや親が事業用に使っていた宅地など（特定事業用宅地等）

②故人が居住用として使用していた宅地（特定居住用宅地等）

③駐車場、貸地など（貸付事業用宅地等）

限度面積と評価減割合は？

〈各宅地における限度面積と評価減割合〉

	利用状況	限度面積	評価減割合
①	特定事業用宅地等	400㎡	80％減
②	特定居住用宅地等	240㎡	80％減
③	貸付事業用宅地等	200㎡	50％減

相続人やその相続条件に一定の要件が必要です

「小規模宅地等の評価減の特例」という制度を知っていれば
マイホームを手放す必要はなかったのか！

小規模宅地等の評価減特例のうまい活用法

■決め手は土地の選択

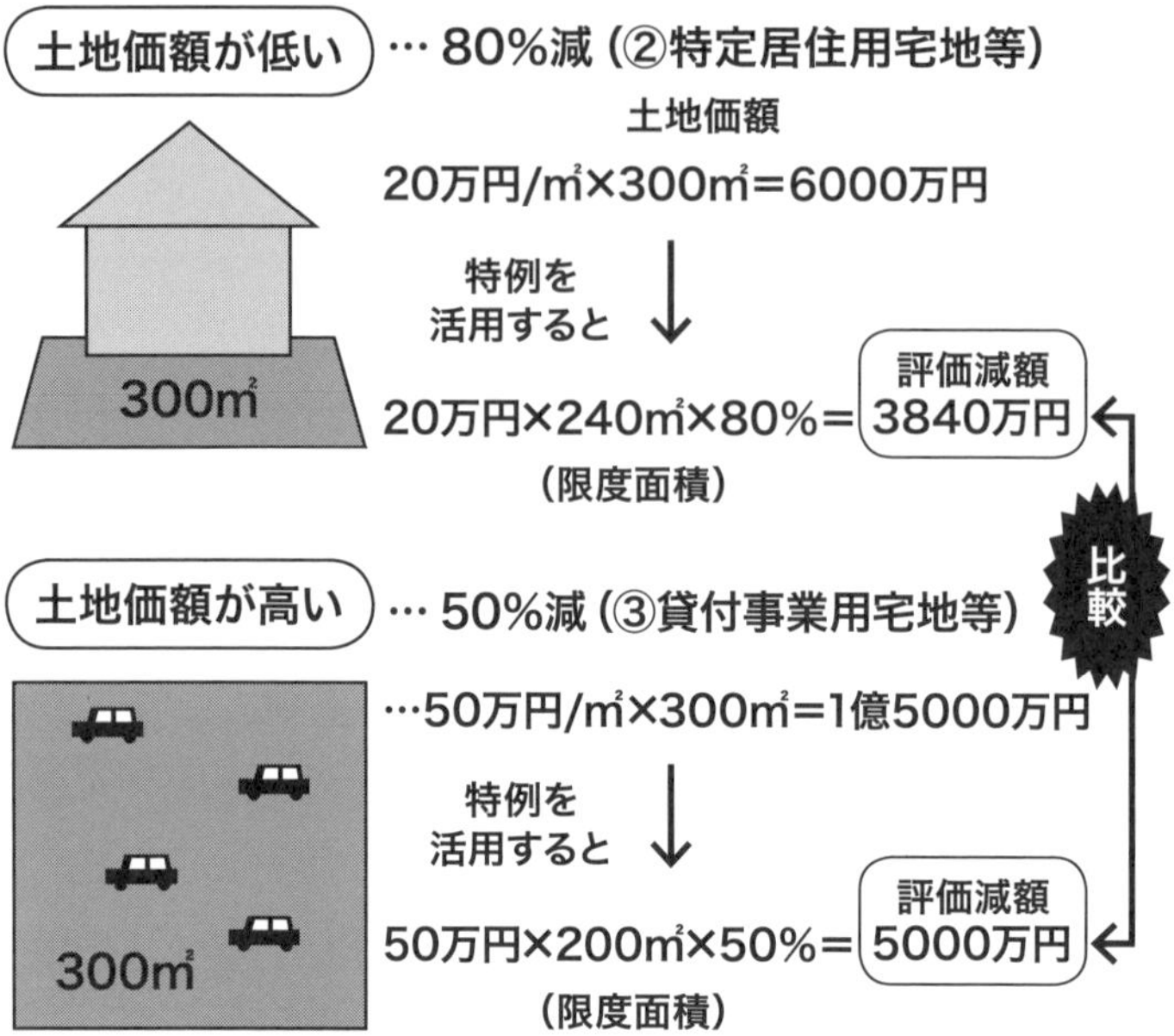

土地価額が低い …80%減（②特定居住用宅地等）
土地価額
20万円/㎡×300㎡=6000万円
特例を活用すると
300㎡
20万円×240㎡×80%=
（限度面積）
評価減額 3840万円
比較
土地価額が高い …50%減（③貸付事業用宅地等）
…50万円/㎡×300㎡=1億5000万円
特例を活用すると
300㎡
50万円×200㎡×50%=
（限度面積）
評価減額 5000万円

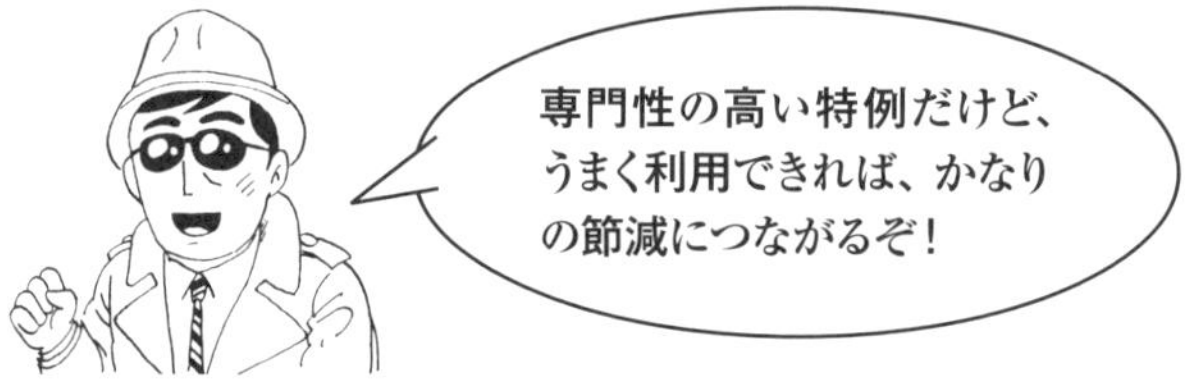

専門性の高い特例だけど、うまく利用できれば、かなりの節減につながるぞ！

評価を下げる土地選択

小規模宅地等の評価減特例を活用することで、相続税を軽減することが可能になります。

ただし、この特例適用を有効活用するためには、どの土地を選んで適用するか、その選択がポイントになります。上図のように80%減と50%減では、80%減を選びたくなりますが、土地の価額によっては、評価減による減額幅が逆転することも多いものです。

実際には次ページのように400㎡に換算して組み合わせをするのが一般的です。

■特例適用のポイント

相続人Aさんは②の居住用宅地「120㎡＝3000万円」と③の駐車場「200㎡＝6000万円」を相続

②特定居住用宅地等

80%評価減

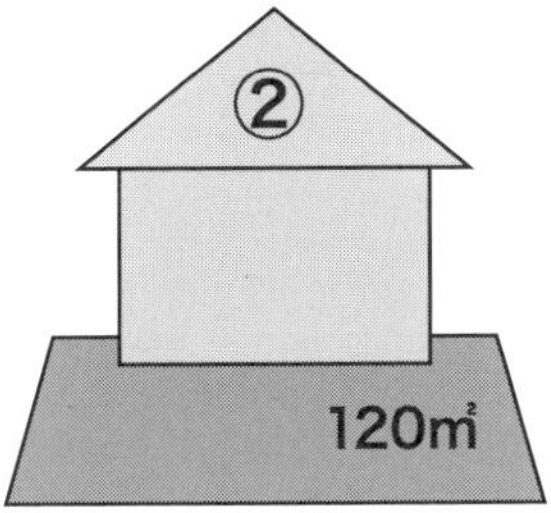

評価額3000万円

③貸付事業用宅地等

50%評価減

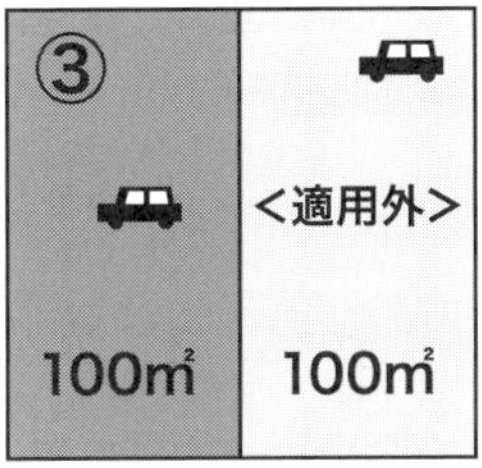

評価額6000万円

適用面積分

適用対象面積の計算＝120㎡×5/3＋100㎡×2＝400㎡

3000万円×80%
＝ 2400万円

合計で3900万円の評価減

6000万円×1/2×50%
＝ 1500万円

適用対象面積の計算式

①＋②×5/3＋③×2≦400㎡（決められている算式）

①特定事業用宅地等　②特定居住用宅地等

③貸付事業用宅地等

上図の参考例では、②と③を400㎡に換算しています。一般的には、評価額を最大限に活用するため①と②と③で組み合わせ、400㎡まで適用します。

ポイント

●どの土地を適用するのか組み合わせがカギとなります。
●要件が複雑なので、税理士など専門家にアドバイスを求めましょう！

広大地評価とは？

■広大地評価とは

「広大地評価」で土地の評価を大幅に下げることで、相続税を減らすことができます。

広大地評価の算出方法

〈計算式〉

正面路線価 × 広大地補正率 × 地積 ＝ 評価額

広大地補正率＝0.6－0.05×地積/1000㎡

たとえば、2000㎡の土地だったら、評価は半減！

0.6－0.05×2000㎡/1000㎡＝0.5

ポイント

●広大地であることを税務当局に論理的に説明する必要があり、専門的な知識が不可欠

評価を大幅に下げる広大地評価

貸宅地や４ｍ未満の道路に面した土地、私道、都市計画道路予定地……評価を下げることが可能な土地はかなりありますが、その中でも代表格は「広大地」です。広大地評価が認められれば、評価を大幅に下げることができます。

たとえば、「１２００㎡＝１億２０００万円」の土地を相続したとして、広大地評価の適用を受けると評価額は６４８０万円になり、５５２０万円も評価が下がります。適用を受けるためには専門性が不可欠ですが、節税対策として押さえておきたいポイントです。

■広大地評価

相続人Cさんは広大地評価の適用を受けられる1200㎡の土地を相続しました。

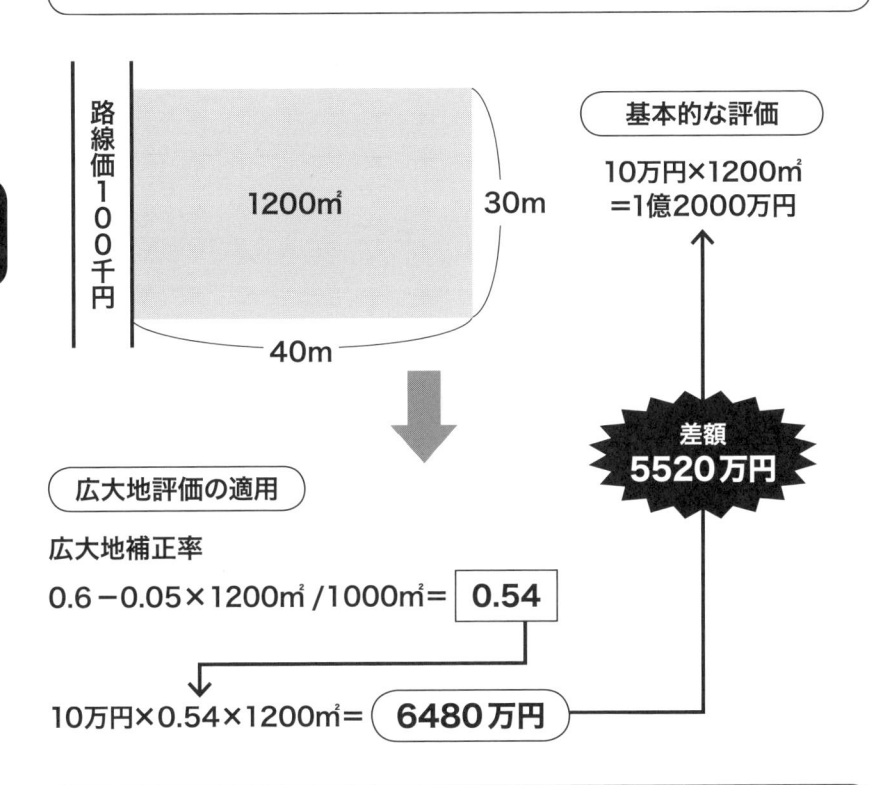

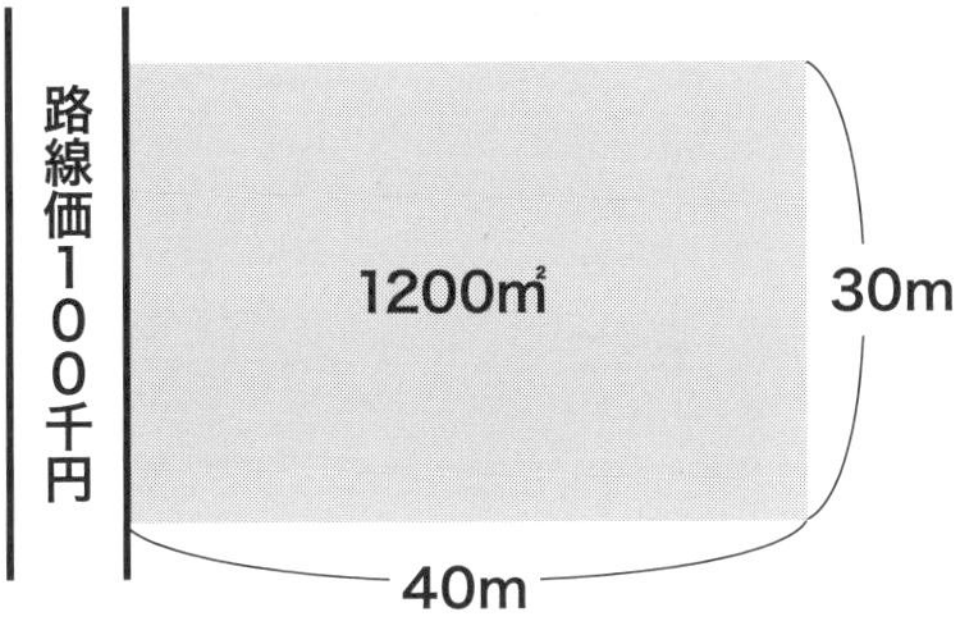

基本的な評価

10万円×1200㎡
=1億2000万円

差額
5520万円

広大地評価の適用

広大地補正率

0.6－0.05×1200㎡/1000㎡＝ **0.54**

10万円×0.54×1200㎡＝ **6480万円**

広大地として認められる要件

①大規模工場用地に該当しない
②マンション適地に該当しない
③その地域における標準的な宅地に比べて著しく面積が広大であること※
④その土地が戸建分譲用地として適しており、その開発に道路等が必要であること

※三大都市圏…500㎡～　それ以外の地域…1000㎡～

養子縁組を活用して相続税を節税する

法定相続の配分

課税価格が２億円としましょう。それを配偶者と子どもが法定相続による配分をするとして、子どもが１人の場合の相続税の総額は１２５０万円です。子どもが２人だったら合計で９５０万円、３人だったら８１０万円です。

納税額は人数で変わる

相続人の数によって、納税額に差がつくことが改めて実感させられます。法定相続人１人あたり１０００万円の基礎控除が加算されることと累進課税による税率の低下で、課税価格が大きくなればなるほど納税総額の差は大きくなります。法定相続人を増やす方法は、養子縁組の活用。ただし、複数の養子がいる場合でも、相続税法上の相続人に加えることができるのは１人だけ（子どもがいない場合は２人）です。

養子縁組は
簡単な節税方法と
いえるでしょう

■養子縁組の例

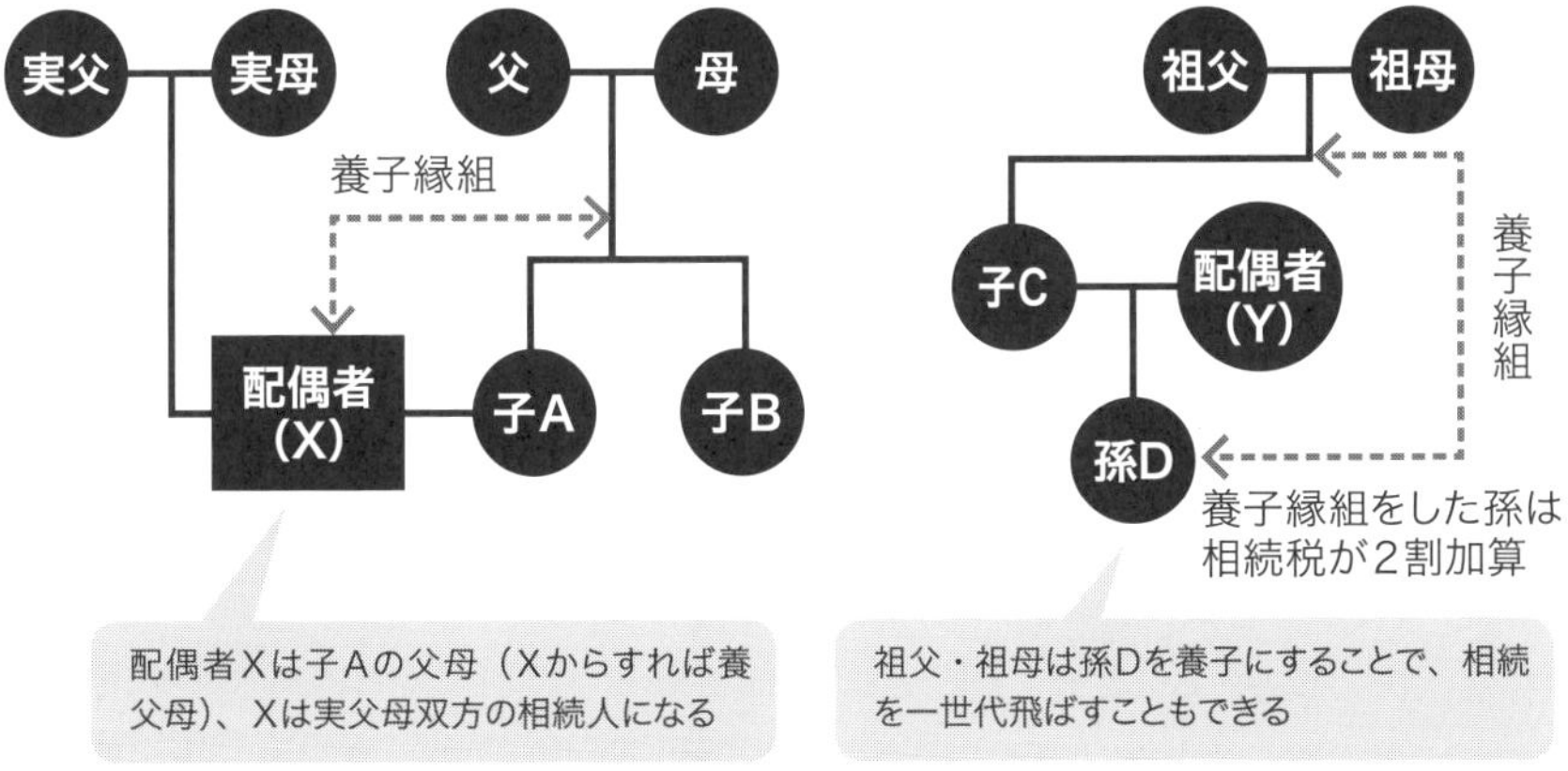
実父
実母
父
母
養子縁組
配偶者
(X)
子A
子B
配偶者Xは子Aの父母（Xからすれば養父母)、Xは実父母双方の相続人になる
祖父
祖母
子C
配偶者
(Y)
孫D
養子縁組
養子縁組をした孫は
相続税が2割加算
祖父・祖母は孫Dを養子にすることで、相続を一世代飛ばすこともできる

■相続人数の多い少ないでこんなに差が出る相続税

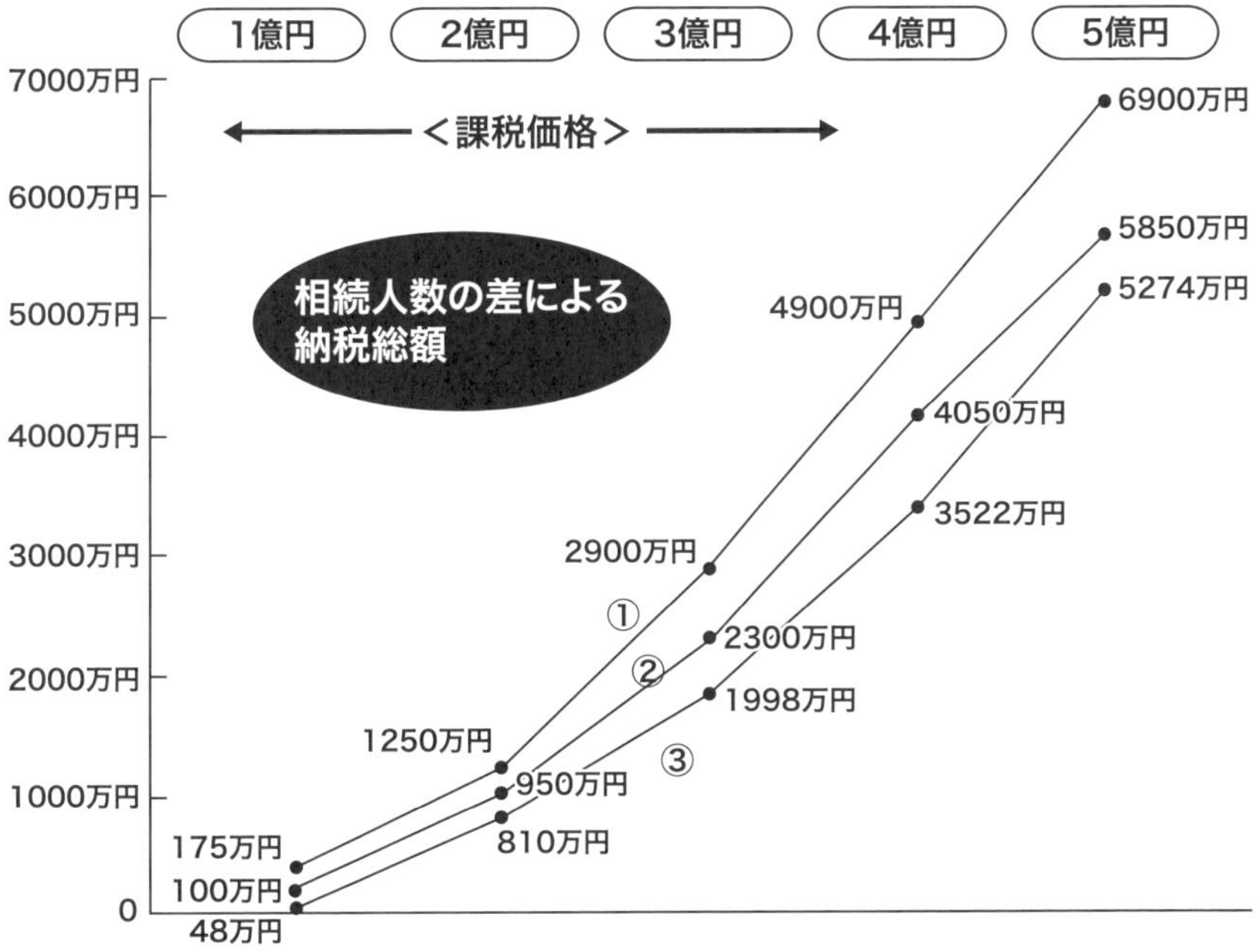
1億円
2億円
3億円
4億円
5億円
<課税価格>
7000万円
6000万円
5000万円
4000万円
3000万円
2000万円
1000万円
0
相続人数の差による
納税総額
175万円
100万円
48万円
1250万円
950万円
810万円
2900万円
2300万円
1998万円
4900万円
4050万円
3522万円
6900万円
5850万円
5274万円
①
②
③

①配偶者＋子ども１人　②配偶者＋子ども２人　③配偶者＋子ども３人

(法定相続による相続配分で、配偶者は配偶者控除を利用した場合。１万円未満を切り捨てて計算)

生前贈与制度とは？

生前贈与の種類

相続税の節税対策として活用したいのが生前贈与です。これには「暦年贈与」と「相続時精算課税制度」があります。他にも「住宅取得資金の特例」、婚姻関係が20年以上の夫婦間に認められる「配偶者特例」があります。

それぞれ一定の要件が必要ですが、毎年のように生前贈与をしていく暦年贈与の場合、年間１１０万円までは無税です。年間３００万円の贈与であれば、贈与税は19万円です。後々の相続税額と比較してどちらがメリットが大きいか、検討してみるのもいいでしょう。

■生前贈与の方法

生前贈与には、さまざまな方法がありますが、ここでは主要な４つの方法を紹介します。

暦年贈与 …… **年間の贈与額が110万円までは非課税**

➡ 相続開始前３年以内のものは相続財産に含まれる

相続時精算課税制度 …… **2500万円まで非課税**

➡ 言葉の通り、相続発生時に贈与した時の評価で相続財産として課税価格に含めるが、贈与時は無税であり、評価が上がっていくものを贈与するとメリットとなる

住宅取得資金の特例 …… **一般住宅の場合、2012年分は1000万円、2013年分は700万円までが非課税**

➡ 父母、祖父母などから子・孫などへ、住宅を取得するための資金と限定

配偶者特例 …… **非課税限度額2110万円（110万円の基礎控除を含む）**

➡ 婚姻関係が20年以上の夫婦間の特例で、相続財産に含まれないのがメリット

➡ 居住用不動産、居住用不動産取得費用に限定

暦年贈与（110万円以下）以外は、贈与税の負担がゼロでも申告が必要

■生前贈与（暦年贈与）の税額は？

税額　＝(贈与価格－基礎控除110万円)×税率－控除額

〈贈与税（暦年贈与）の速算表〉

基礎控除後の課税価格	税率	控除額
200万円以下	10%	－
300万円以下	15%	10万円
400万円以下	20%	25万円
600万円以下	30%	65万円
1000万円以下	40%	125万円
1000万円超	50%	225万円

たとえば、年間300万円の贈与の場合

(300万円－110万円)×10%＝19万円

ポイント

●毎年無税で引き継ぐ財産から110万円分を減少させることができる

生前贈与？
あぁ いろいろ考えて いるんだがね
「暦年贈与」っていう のがある そうだ
年間110万までは
贈与税が かからない のね

生前贈与の活用例

毎年生前贈与を行う暦年贈与というのがあるが…
うまい使い方をしたら
税額の負担をかなり抑えられるみたいだな

生前贈与の試算方法

生前贈与による節税効果を試算してみましょう。故人は相続財産（課税価格）を３億３５００万円残した資産家です。それを相続する子ども３人の相続税合計は５１００万円になります。

子ども２人に、毎年３００万円ずつ、10年間で合計６０００万円を生前贈与したら、税額はどうなるでしょう。相続開始前の３年分の贈与は、相続財産に戻されますので、実質的には４２００万円の生前贈与。税額負担の差はおよそ１０００万円にもなるのです。

■生前贈与をしなかった場合

被相続人（故人） → 相続人

	被相続人（故人） 幻冬太郎	幻冬一郎	幻冬花子	幻冬二郎
土地	200,000,000	200,000,000		
預貯金	100,000,000	40,000,000	50,000,000	10,000,000
生命保険	40,000,000	10,000,000	20,000,000	10,000,000
葬儀費用	▲5,000,000	▲5,000,000		
相続財産計	335,000,000	245,000,000	70,000,000	20,000,000
相続税額	51,000,000	38,250,000	10,200,000	2,550,000

（生命保険の非課税を適用し、各人に案分している）

■生前贈与をした場合――納税総額に注目！

被相続人（故人） → 相続人

	被相続人（故人） 幻冬太郎	幻冬一郎	幻冬花子	幻冬二郎
生前贈与		300万円×10年		300万円×10年
土地	200,000,000	200,000,000		
預貯金	40,000,000	預貯金の相続なし	40,000,000	預貯金の相続なし
生命保険	40,000,000	10,000,000	20,000,000	10,000,000
葬儀費用	▲5,000,000	▲5,000,000		
3年内贈与戻し	18,000,000	9,000,000		9,000,000
相続財産計	293,000,000	214,000,000	60,000,000	19,000,000
相続税額	37,260,000	28,614,000	7,296,000	1,350,000
贈与税額	3,800,000	1,900,000	0	1,900,000
税額計	41,060,000	30,514,000	7,296,000	3,250,000

生前贈与で6000万円

3年内贈与戻しのため

実際は相続財産が4200万円減

（生命保険の非課税を適用し、各人に案分している）

生前贈与をしなかった場合と比べて約1000万円の減額

生命保険の利用

生命保険の活用法

節税への備えを含め、生命保険選びは相続対策のポイントです。保険金による現金が、相続税の支払いやその後の生活に役立つことはいうまでもありません。「生命保険があって、どれほど助かったか……」と、相続経験者から聞くことも多いものです。

受け取れる保険金の額が手厚いのは一定の年齢までで、それ以降

■生命保険のメリット

非課税枠がある

➡ 受取保険金から「500万円×法定相続人数」を減額できる

受取人指定ができる①

➡ 介護や世話をしてくれた法定相続人以外の人、たとえば長男の嫁などに保険金を渡すことが可能

受取人指定ができる②

➡ 相続放棄しても、受取人指定があれば、保険金を受け取れる

現金によるメリット

➡ 現金による支払いであるため、納税資金の役に立ったり、円満な相続分割ができたりする

生命保険って
意外と役立つ
んだなぁ！

に発生する終身部分は低額の定期付終身保険に加入し、契約更新時に再契約をしていない例を多くみかけます。そんなケースでは、一時払終身保険への加入を検討するのも一案です。

ある保険会社は、70歳男性の保険料８５８万円、受取保険金１０００万円という商品を販売しています。この保険に加入すると、相続する現金預金が８５８万円減少します。一方、法定相続人が２人だとすると、生命保険控除１０００万円（法定相続人数×５００万円）の枠内に収まります。相続財産の総額にもよりますが、節税対策として有効な場合もあります。

■生命保険の活用例

〈定期付終身保険〉

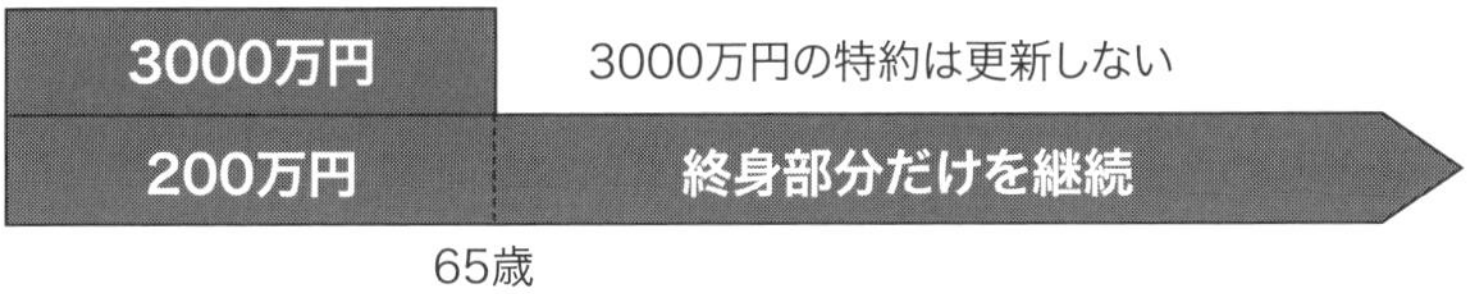
3000万円
3000万円の特約は更新しない
200万円
終身部分だけを継続
65歳

こんな場合

たとえば「一時払終身保険」に加入

70歳男性	保険料………858万円 受取保険料…1000万円

（ある生命保険会社での事例）

現金預金が858万円減少するが、法定相続人が2人だったら1000万円の控除（500万円×2人）が受けられるので節税になる。保険加入の審査も比較的容易！

専門家に相談する

■専門家の活用

税理士

- 相続税の申告が確実な場合
- 相続税の申告が必要か不要か微妙な場合
- 小規模宅地等の評価減特例を利用する場合
- 節税アドバイス

弁護士

- 相続をめぐってのトラブル解決
- 遺言書作成アドバイス

司法書士

- 不動産移転登記など

不動産鑑定士

- 不動産の適正価格評価

専門家にアドバイスを求めるのもいいわね！

税理士を利用しよう

相続税の申告書作成は、一筋縄ではいきません。必要書類だけでも第1表から第15表まであり、それに付表なども添えなければならないからです（88ページ）。相続財産の多くを占める不動産の評価ひとつで税額が変わるケースも多いもの。相続税が発生するか否か、微妙な場合も含めて、相続に強い税理士の利用を考えるのがいいでしょう。相続税が発生しなくても、小規模宅地等の評価減特例を利用する場合も申告が必要であり、やはり税理士のアドバイスを求めたほうが無難です。

司法書士
弁護士…
不動産鑑定士
税理士…
相続にかかわる専門家にはそれぞれ得意分野があるのです
いったい誰に何を相談すればいいのかわからなくなりますね
相続関係でもめた場合は…
弁護士に相談
相続税の相談は
税理士にするといいでしょう

弁護士は相続トラブルの解決、司法書士は不動産移転登記、不動産鑑定士は不動産の適正価格評価といったように、それぞれ専門分野があります。それらを別々に依頼するのは手間がかかります。専門家同士でネットワークを組んでいる税理士や弁護士を選べばいいでしょう。信託銀行などの遺言信託サービスは遺言書作成から遺言の執行までをトータルで依頼できます。ただし、金融機関が手がける遺言信託のネックは費用の高さ。相続争いが懸念される場合も、引き受けを避ける傾向にあるようです。

こんなとき、どうする？

■相続・相続税 Q&A

Q1 相続税の準備のポイントは？

A 生前の心がまえ、準備という点からいえば、真っ先に考えたいのは、相続人同士が醜い争いをする「争続」にならないように手立てを考えることです。次には、相続人が相続税資金に困らないようにすることです。相続財産が土地だけだと、相続人が延納や物納といった事態に追い込まれる可能性も高いものです。「争続の回避」と「納税資金の確保」にメドをつけたうえで、節税対策をする。この優先順位の確認が欠かせません。

Q2 物納で受け付けてくれる財産にはどんなものがある？

A 物納にあてることができる財産は優先順位がついています。第１順位は「国債、地方債、不動産、船舶」です。第２順位は「社債、株式、証券投資信託・貸付信託の受益証券」、そして第３順位は「動産」です。ただし、課税価格の特例を受けて評価を低くした財産は、特例適用後の価額で収納されることになります。

Q3 相続税の物納や延納制度の利用件数は？

A 09年度における、物納による相続税の納付申請件数は729件、金額ベースでは654億円でした。延納は2737件の申請で、973億円になっています。過去には物納申請は１万件を超え、延納申請は５万件に迫ることもありましたが、近年は減少傾向をたどっているといっていいでしょう。また、すべての物納や延納の申請が認められるわけではなく、却下される場合もあります。

Q4 相続でもめないためにはどうすべき？

A 相続でもめるのは、相続税がかかる場合に限りません。相続税がかかるとわかっている場合はそれなりの対策を立てていますが、課税されない範囲の相続でのもめごとのほうがかえって多いともいわれています。相続争い回避のための万能薬はありませんが、やはり、生前からの準備、対策を練るのがポイント。相続開始後は、主たる相続人がおおまかでもいいから早めに相続財産を把握し、他の相続人に知らせることです。あまり時間をかけると部外者からの口出しが多くなるものです。

第六章
死亡後に必要な手続き

故人の死を悲しむ間もなく、事務的な手続きに追われることでしょう。辛い時期ではありますが、きちんと手順を踏んで1つずつこなしていきましょう

死亡後必ずやらなければならないこと

死亡届の提出人は①同居親族
②同居していない親族
③同居者　④家主　⑤地主など
死亡届を提出しないと
埋火葬許可証が受け取れない
ので葬儀自体が行えなく
なってしまうのです！
ガーン!!

「死亡届」と「埋火葬許可申請書」の提出

死亡診断書を受け取り、市区町村役所に死亡届を提出し、火葬の日取りを決める——親族の死を受けて相続人の立場になる人が、真っ先に念頭に置かなければならないことです。

近親者や故人の友人への連絡、葬儀の準備など思い巡らせることは多々出てきますが、こういった事務手続きを経なければ先には進めません。

死亡診断書と死亡届は1枚の紙になっています。死亡診断書の欄は医師に書いてもらい、死亡届の欄は相続人などが記入します。葬

■火葬から埋葬まで

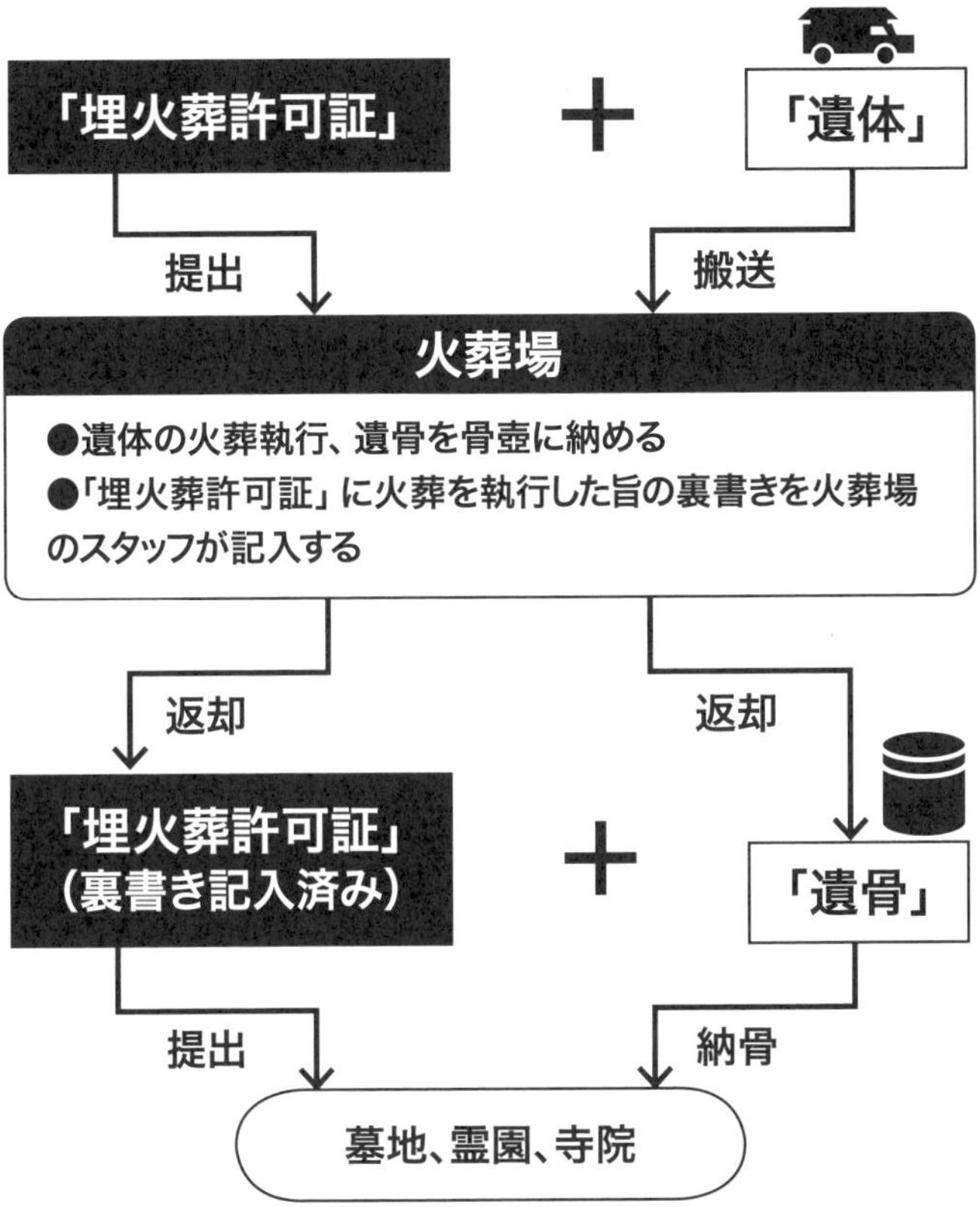
「埋火葬許可証」
＋
「遺体」
提出
搬送
火葬場
●遺体の火葬執行、遺骨を骨壺に納める
●「埋火葬許可証」に火葬を執行した旨の裏書きを火葬場のスタッフが記入する
返却
返却
「埋火葬許可証」（裏書き記入済み）
＋
「遺骨」
提出
納骨
墓地、霊園、寺院

儀を専門業者に依頼する場合は、役所への届け出などを代行してくれたり、医師も通常業務として死亡診断書を作成してくれることから、知らない間に手続きが終了していたりするケースもあるものですが、この一連の流れを経ずに故人の遺体を火葬することはできません。

「死亡診断書＋死亡届」は、死亡した日（死亡を知った日）から7日以内に市区町村役所に提出。その際「埋火葬許可申請書」も一緒に提出し、「埋火葬許可証」を受け取ります。これで火葬の日取りを決めることができるのです。

最期を迎えたら

遺体の搬送はどうする?

厚生労働省の統計によると、日本では年間１１０万人以上が亡くなり、そのうちの８割近くの人が病院で最期を迎えているそうです。

病院で臨終・最期を迎えたら、霊柩自動車で自宅か葬儀式場などに運ぶことになりますが、病院内には葬儀社が出入りしており、その葬儀社に搬送を依頼することが多いようです。

■日本の死亡数、出生数、婚姻・離婚数

	実数		平均発生間隔	
	平成21年	平成20年	平成21年	平成20年
死亡	1,141,865	1,142,407	28秒	28秒
出生	1,070,035	1,091,156	29秒	29秒
婚姻	707,734	726,106	45秒	44秒
離婚	253,353	251,136	2分04秒	2分06秒

（厚生労働省「平成21年人口動態統計」などより。死亡、出生は人、婚姻、離婚は件）

ただし、搬送のみの依頼も可能ですから、あわてて葬儀社を決めることはありません。霊柩自動車の運賃および料金は、国土交通省への届出制になっています。

自宅で最期を迎えたい、と希望する人も多くなってきており、自宅の場合は、かかりつけの医師（主治医）に最期を看取ってもらうことになります。

病院、自宅を問わず、医師から「危篤状態」と告げられた段階で、家族や近親者、友人・知人などに連絡を取ります。危篤の連絡は緊急事態のことなので、深夜や早朝であっても時間を気にする必要はないでしょう。

■霊柩自動車で自宅までの搬送を依頼する場合の費用

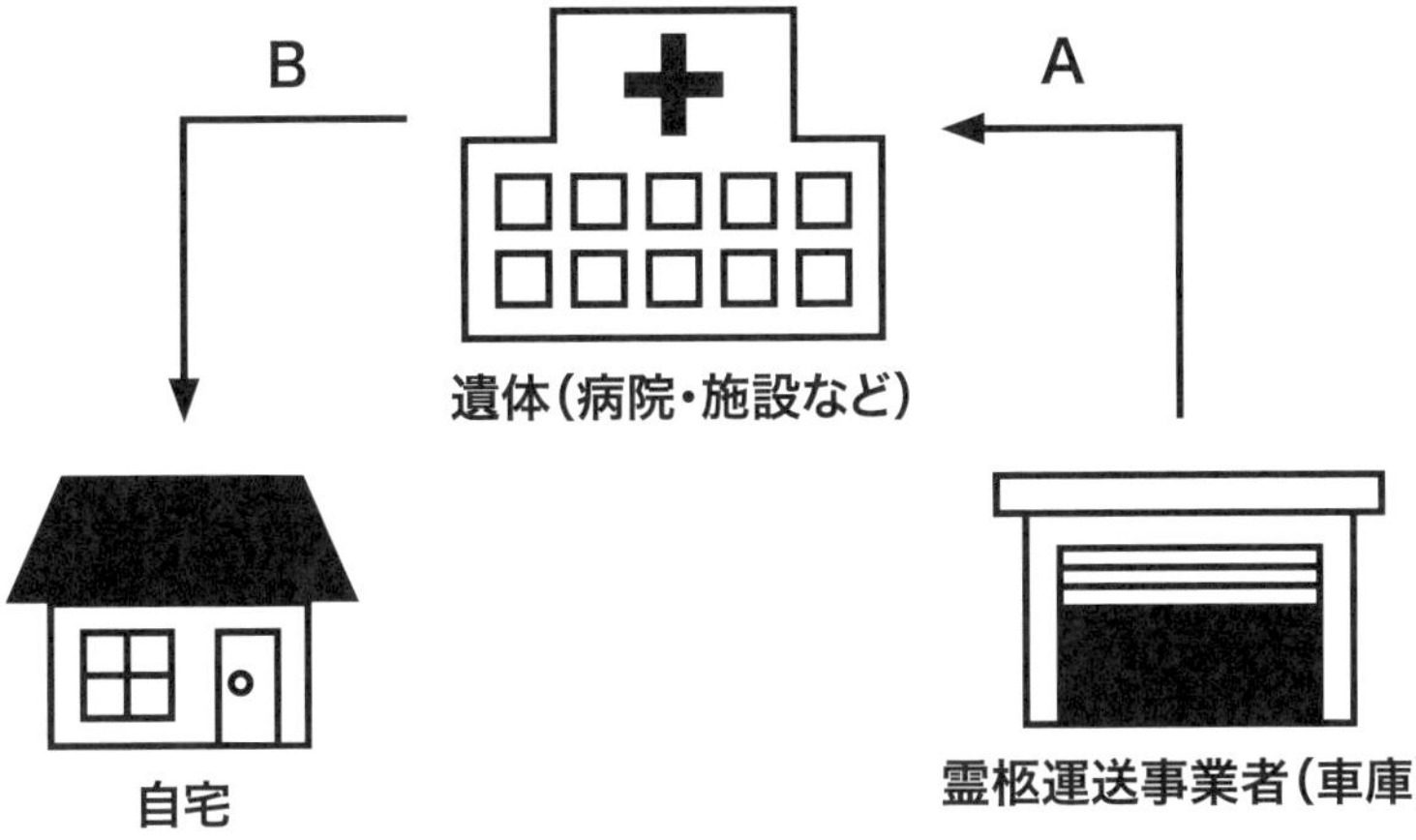
B
A
遺体（病院・施設など）
自宅
霊柩運送事業者（車庫）

霊柩自動車の搬送料金＝A＋B

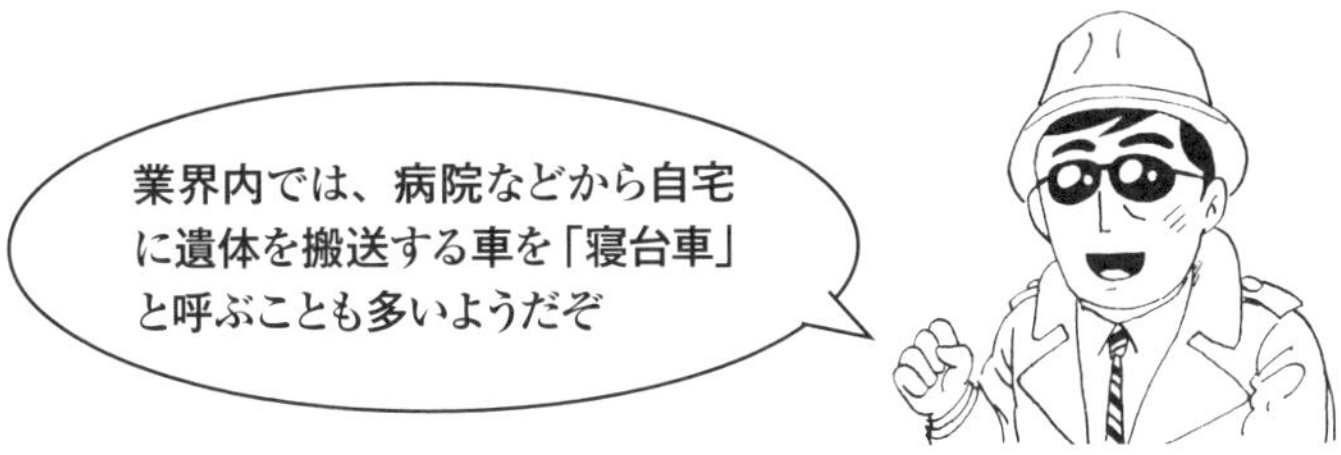
業界内では、病院などから自宅に遺体を搬送する車を「寝台車」と呼ぶことも多いようだぞ

霊柩自動車の料金の目安は？

霊柩自動車の運賃および料金は、各社ごとに国土交通大臣に届出を行い、その内容が適正であると認められた額が適用されることとなっています。そのため、無償での搬送は原則的にはないことになっています。料金の基本は、利用する霊柩自動車が車庫から出るところから起算し、遺体を乗せる場所（病院や自宅など）を経由して、遺体を降ろす場所（自宅や葬儀式場、または火葬場）までの間を合計した走行距離に応じた金額となります。ただし、利用する霊柩自動車の種類によっても料金は異なります。

関係者への連絡

■訃報を伝える

臨終を知らせていなかった人には、電話で死亡通知と通夜・葬儀の日程を連絡します。

1　訃報の連絡は、通夜と葬儀の日程が決まってから行う

ただし、故人に菩提寺がある場合、危篤の段階で寺の住職に連絡を入れ、葬儀の相談をしておく

2　訃報として伝える内容を簡潔にメモに記しておく

大事なことは、誰が、いつ亡くなり、その葬儀が行われる場所と日時を正確に相手へ伝えること

3　連絡は主要な人のみに入れ、その先は手分けをして通知してもらう

臨終時に連絡しなかった親族、仕事の関係者、隣近所の友人・知人、学校関係者などにお願いする

電話連絡の方法

通夜・葬儀の日程が決まったら、臨終を知らせていなかった親族や、故人と縁のあった友人・知人などに死亡の電話連絡を入れます。

知らせる先が多い場合は、親戚関係、仕事関係、友人関係などの主だった人へまず連絡を入れて、その先はその人から通知をしてもらったり、その人を中心に手分けをして連絡を回してもらったりするようにお願いします。

手紙で知らせる場合

一般的には、葬儀終了後に、故人の知人や遠方に住んでいる人に

■死亡通知状の見本

①父○○○○○儀　②かねてより病気療養中
でしたが　×月△日未明永眠致しました
ここに　生前のご厚誼に深謝し　謹んで
ご通知申し上げます
葬儀は③□□式により　左記の通りに執り
行います

一、日時　○月△日
　葬　式　午後▲時より
　告別式　午後▲時より
一、場所　◇◇◇斎場
　④（住所・電話番号）

平成××年○月△日
　（喪主の連絡先）
喪主　○○○○○（氏名）
⑤親族代表　×××××（氏名）

①基本的に、喪主との続柄を表記するが、なくてもいい
②「病気療養中」ではない場合、それまでのようすを無理に表記せずに、永眠した月日だけでもかまわない
③葬儀の様式を明記する。故人の遺志で供物などを断る場合、最後に「なお故人の遺志により××の儀は固くお断りします」という文を入れる
④葬儀を行う場所の住所と電話番号は必ず入れておく
⑤喪主の配偶者の名前を入れてもよい

死亡通知状を出しますが、葬儀前に日時、場所などを知らせるケースもあります。近親者で密葬を済ませ、その後「お別れ会」をすることもあります。そのような場合は、送り先へは必ず葬儀前に届くように郵送の手配をします。

通常の手紙とは違うので、前文も結びも不要です。はじめから故人の氏名、死因、死亡日時、生前の親交に対するお礼、葬儀の日時と場所、発信年月日、喪主の住所と連絡先、喪主の氏名、親族代表者（または葬儀委員長）の氏名などを明記します。香典や供物を辞退するときは、そのことを書き添えておきます。

事故死や不慮の死の場合

■自宅で亡くなっても110番通報が必要なケース

- 主治医に来てもらったが、死因が特定できない
- 死亡した状態で発見、特定の主治医がいない
- 死亡した原因が不明の急死である
- 事故や災害などによって死亡を確認した

↓

基本的には「検視」が必要となる

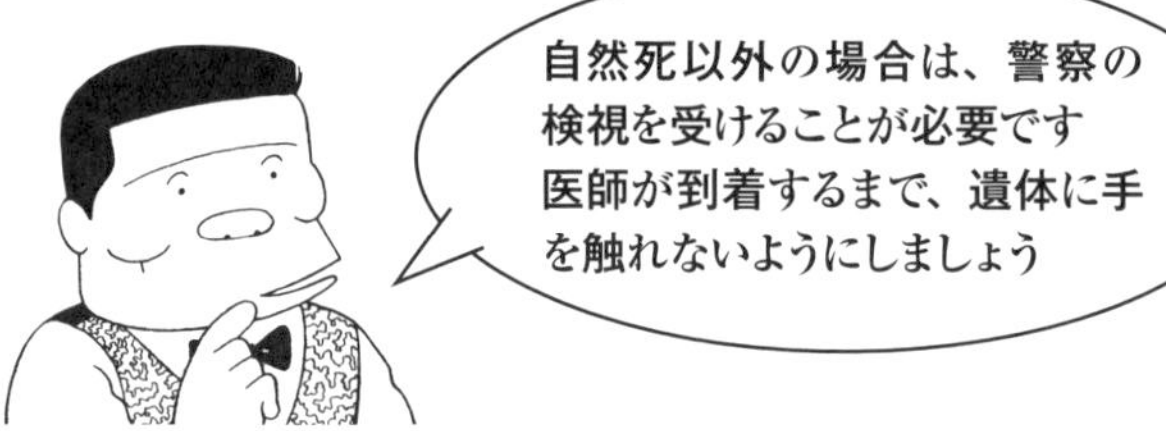
自然死以外の場合は、警察の検視を受けることが必要です
医師が到着するまで、遺体に手を触れないようにしましょう

自宅以外で死亡した場合の対応

ここ数年、不慮の事故で亡くなる日本人は、年間4万人を超えるといわれています。交通事故などによる不慮の死や、不自然な死の場合は、警察医（監察医）の検視が必要となります。そのため、検視を経て警察から交付される「死体検案書」が、医師の死亡診断書の代わりになります。

自宅で亡くなった場合でも、すでに亡くなった状態で発見、あるいは死因が特定できないというケースでは、110番通報をして警察の指示を仰ぐことになります。

ただし、交通事故で、病院に運

■自然死以外での遺族の対応

【事故死や変死の場合】

警察の指定医や監察医の検視が必要となるケース

- **交通事故による即死**
- **誰にも看取られぬまま急死**
- **遺体の見た目や亡くなった場所のようすに不自然な点がある…など**

↓

検視後、問題がなければ、「死体検案書」を警察が交付

↓

自然死の「死亡診断書」と同じように、死亡届と一緒に役所へ提出

【国内の旅先や海外で死亡した場合】

「死亡診断書」は、原則的に現地で死亡を確認した医師が交付

↓

「遺体をそのまま運ぶか」または「火葬にして遺骨で持ち帰るか」という問題については…

①海外の場合 → 現地の大使館に相談して条件を整える
②国内の場合 → 現地の関係者や親族と協議する

ばれてから死亡した場合は「病気による自然死」と同じ扱いになるのが一般的です。

国内旅行先や海外で死亡した場合の対応

国内の旅先で死亡した場合は、現地で火葬にするか、自宅まで搬送するかの選択になります。現地で火葬する場合は、現地の役所に「死亡診断書＋死亡届」を提出し、埋火葬許可証を受け取る必要があります。

海外の場合は、国によって異なるため、その国の日本大使館や領事館に連絡を入れて、適切な指示を仰ぐことが欠かせません。

葬儀の手順を押さえておく

■喪主を決め、葬儀の準備をする

喪主 ＝遺族の代表として葬儀を執り行う人

→ 一般的には、故人（世帯主）の配偶者、子ども、親、兄弟という順で選ばれる

喪主が、まず親族とともに行うことは…

①どのような葬儀を行うかを決める。故人に遺言がある場合は、その意をくんだ内容で行う

②葬儀にかける予算、通夜や告別式の日程、訃報の連絡を入れる人などを決める

③檀家寺があるなら、住職に連絡を入れて相談。なければ「葬儀社」を探して葬儀の依頼をする

仏教で行う場合、宗派を確認しておこう

葬儀の進行を冷静に補助してくれる「世話役」を選ぶのも選択肢の1つだ

迫られる即断即決

身近な人の死という現実を前に、強い喪失感や大きな悲しみに陥っている間にも、葬儀に関する即断即決を迫られます。

葬儀・告別式の日程や葬儀社選び、予算などの大枠を決めるためには、葬儀の手順を確認しておくことがポイント。それを踏まえることで、冷静な判断も可能になります。

周囲にはあれこれ口をはさんでくる人もいるものですが、最後に決めるのは喪主や遺族です。喪主は、故人の配偶者や子どもなど、血縁者が務めるのが自然です。

■葬儀の手順を踏まえておこう

1 葬儀の手配

□葬儀社へ依頼する場合は、その旨を連絡する
□葬儀に必要なもの(現金、住所録など)を用意する
□葬儀を行う檀家寺の僧侶、神父などがいれば、連絡をして打ち合わせる

2 訃報を通知

□通夜・葬儀の日程を決めたら、故人の友人・知人たちへその旨を知らせる

3 通夜の準備

□祭壇を飾る部屋を用意。自宅以外で行う場合は、その施設を確保する
□遺体を納棺する

4 通夜 (※仏式の場合)

□僧侶の読経と弔問客の焼香
□喪主・親族代表者のあいさつ
□弔問客の対応と通夜関係者へのお礼

5 葬儀の準備

□葬儀・告別式の内容を確認
□火葬場へ行く人数をまとめる(送迎車の手配)
□弔電や香典などの管理責任者を決める

6 葬儀・告別式

□葬儀・告別式を行う
□喪主・親族代表者の会葬者へのあいさつ
□出棺、火葬場へ向かう

7 火葬

□「埋火葬許可証」を火葬場へ渡す
□納めの式を行い、骨上げをする
□火葬後、火葬場から日付などが裏書きされた埋火葬許可証を受け取る(これが「埋葬許可証」となり、墓地などへの納骨の際に必要になる)
□喪主が遺骨を持って自宅へ戻る

8 遺骨迎え・葬儀終了

□自宅に遺骨を迎える
□精進落としの宴を開く
□葬儀協力者に礼を尽くす
□親族と葬儀後にすることを確認する

葬儀で決めなければならないこと

■葬儀に関して決めなければならない主なもの

【葬儀を通して必要不可欠な選択】

□葬儀を依頼する相手（葬儀社、互助会、檀家寺など）
□葬儀を行う場所（葬儀社の施設、公民館、自宅など）
□葬儀の方法（宗教の選択。自由葬では内容の確認など）
□葬儀（通夜・告別式）の予算と日程
□遺体を搬送する霊柩自動車の種類
□遺体を納める棺桶ならびに遺骨を納める骨壺の種類
□遺影に使う故人の写真

葬儀社任せにしないで、見積書をきちんとチェックすることが大切ですよ！

「お任せします」は避ける

葬儀は自宅以外の会場を使用し、進行を含め、葬儀社など専門業者に依頼するのが一般的になっています。病院で最期を迎えた場合、病院に出入りしている葬儀社に依頼することも多いものです。

葬儀をビジネスとするのが専門業者。「何もわからないので、お任せします」などと全面的に委ねてしまうと、予算は必ずオーバーするものです。葬儀社との話し合いでは、提案してくる内容や見積書が複雑にできていることが多いので、細部まで冷静にチェックすることが欠かせません。

■通夜・告別式に関して決めなければならない主なもの

【通夜・告別式を行う上で必要な選択】

□祭壇の種類

□通夜・告別式に使う供物・生花の数量

□通夜・告別式の親族関係者の席順

□通夜・告別式の会葬者の人数

□通夜ぶるまいと精進落としの料理（内容と数量）

□会葬礼状の内容と数量

□返礼品の内容と数量

葬儀社の選び方と金額の目安

そろそろ葬儀の準備をしないとな
市民葬や区民葬などの「自治体葬」もあるらしいよ
最もシンプルな葬儀の基本料金や別料金もわかるそうだね
区役所に聞くといいですよ

明朗会計の葬儀社を選ぶ

葬儀費用は、10万円以下から、500万円を超える高額なものまで幅広く存在します。「安ければいい」という価値観ばかりで成り立つ世界ではないからです。

ただし、最も多いトラブルが、葬儀後に支払う料金であるのも事実。なかでも、見積書と請求書の差額の大きさが問題になっています。追加料金が出る際には、その都度説明があるなど、見積書と請求書に差がない明朗会計の葬儀社を選びましょう。そうした業者は、執り行ってくれる葬儀の進行や内容もしっかりしているものです。

■葬儀社選びのポイント

質問 その①

最初の打ち合わせのとき、葬儀サービスの内容や料金について葬儀社の社員は、手持ちの資料を見せながら、すべての情報を話しているかのように説明する。その説明の後で、こう質問する。

「会葬者が予想を上回った場合や葬儀当日の天候の変化など、具体的にどんな追加料金が発生するのか?　その詳細な項目と料金についての説明を聞かせてほしい」

誠実な葬儀社ならば、丁寧に詳細を説明してくれる

質問 その②

①の質問をした後に、見積書を請求し、次のことを見積書または契約書へ書き入れてもらえるかを質問する。

「打ち合わせの説明や見積書で明らかにした項目以外の項目に対し、追加料金は一切派生しないし、請求しない」

誠実な葬儀社ならば、書き入れてくれる

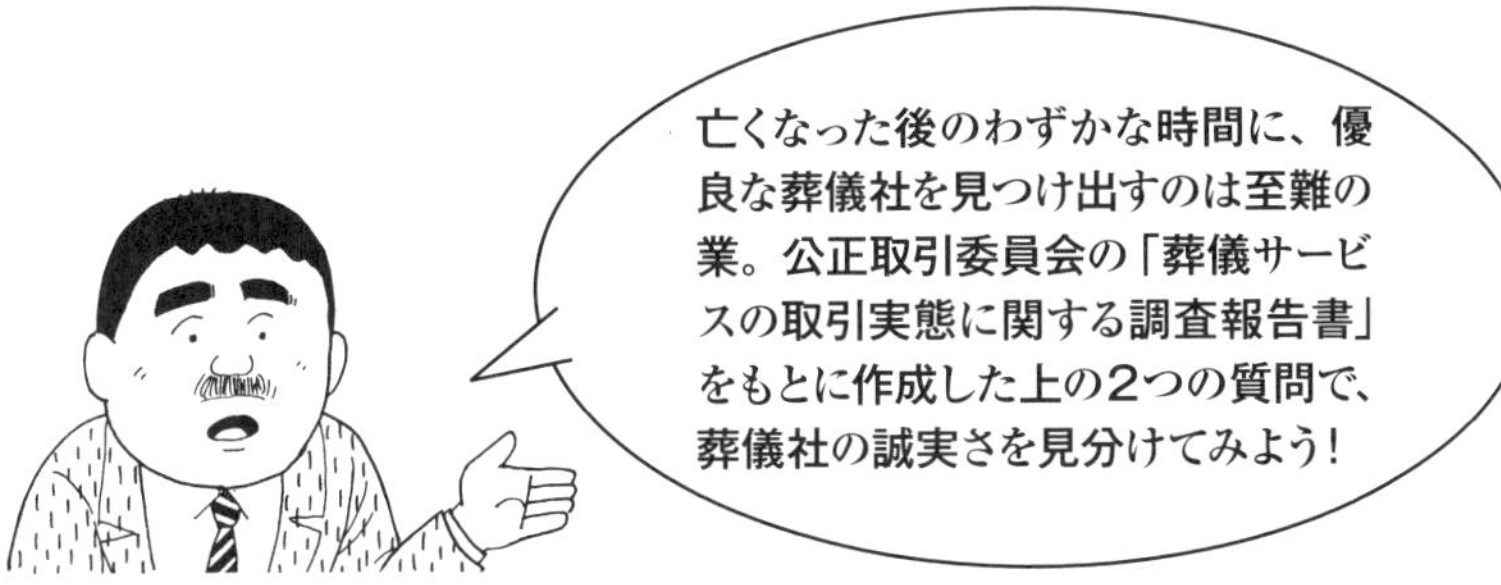
亡くなった後のわずかな時間に、優良な葬儀社を見つけ出すのは至難の業。公正取引委員会の「葬儀サービスの取引実態に関する調査報告書」をもとに作成した上の2つの質問で、葬儀社の誠実さを見分けてみよう!

こんなとき、
どうする？

■死亡後の手続きQ&A

Q1 生前「医学に貢献したい」といって献体登録をしていた父が亡くなったが、献体の手続き方法がわからない。

A 日本には献体篤志家団体がおよそ60団体あり、医学や歯学の大学での解剖学実習と、その研究に大きな貢献をしています。故人が献体登録していれば、その団体の会員証を必ず持っているので、会員証を探し、そこに記されている連絡先（献体を登録している大学の専門窓口）に電話を入れるだけでOK。担当者がすべて説明してくれます。

Q2 事故で亡くなった息子の所持品に「臓器提供意思表示カード」があった。どんな手続きをすればいいのか？

A このカードを持っている人は、臓器提供の登録を済ませているので、カードに記されているフリーダイヤルへ電話を入れるだけで対応してくれます。2010年7月17日からは、本人の意思が不明な場合も、家族の承諾があれば臓器提供できるようになっています。

Q3 葬儀に使った白木の位牌は、黒塗りの位牌に替えなければいけないと知人に教えられたが、どうすればいいのか？

A 葬儀で用意された白木の位牌は、納骨や四十九日の法要までのものとされています。その期間を過ぎたら黒塗りの位牌に替えることが、日本の仏教の多くの宗派では常識とされています。菩提寺がある場合は、その寺に白木の位牌を納め、事前に用意しておいた黒塗りの位牌に「魂入れ」の法要をしてもらいます。菩提寺がない場合は、自分の宗派と同じ寺や近くの寺にその旨をお願いすれば、同様に執り行ってくれます。

Q4 自宅近くの寺の「宗派を問わない」墓を購入していたが、田舎の寺と宗派が違うので、納骨の手続きがわからない。

A 基本的には、火葬場で火葬後に手渡される裏書き済みの埋火葬許可証と、墓を購入した際に発行される墓地使用許可証を提出するだけで納骨は可能。ただし、宗派を問わないとしていても、まともな仏教寺院であれば、その宗派の儀礼による購入した墓への「魂入れ」の法要が行われるはず。その後の法事については、住職に相談して教えてもらいましょう。

第七章 葬儀の準備と流れ

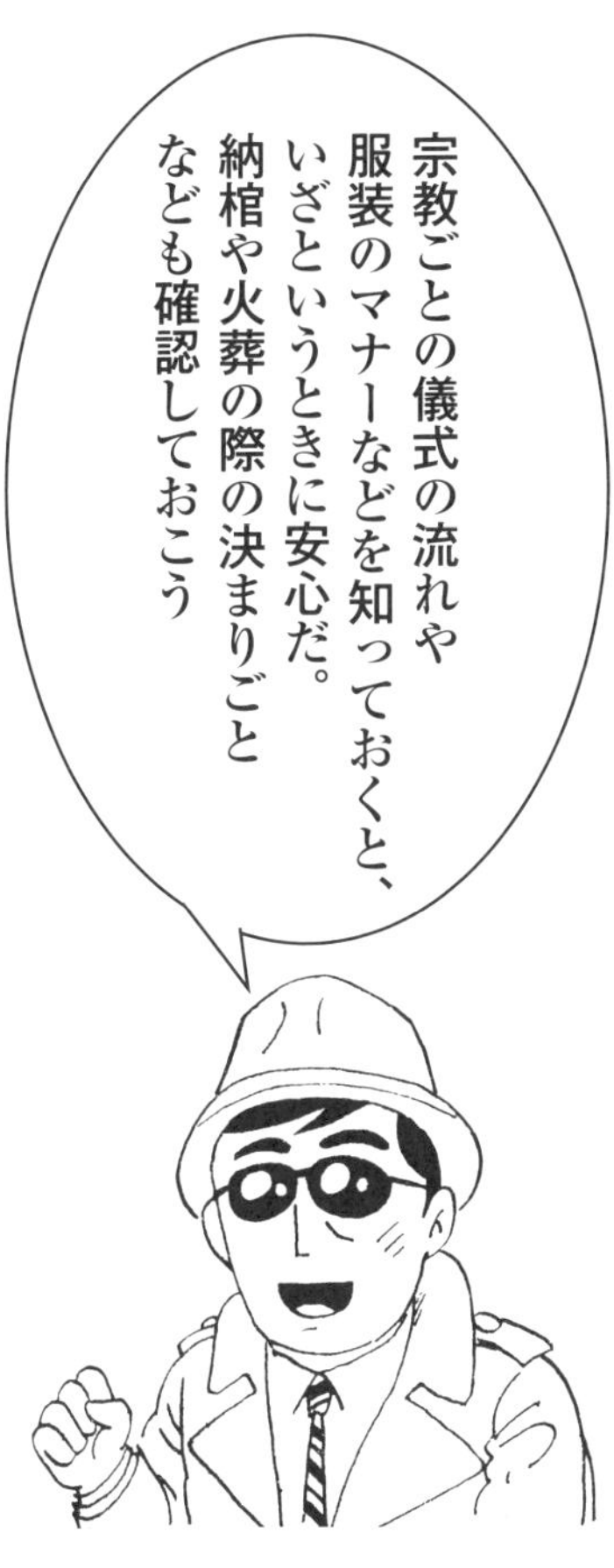
宗教ごとの儀式の流れや
服装のマナーなどを知っておくと、
いざというときに安心だ。
納棺や火葬の際の決まりごと
なども確認しておこう

死後の処理と遺体の安置

■故人の身だしなみの整え方

■末期の水
【用意するもの】
①新しい箸の先に、脱脂綿またはガーゼを巻きつけて白い糸で留めたもの
②水を入れた湯のみ茶碗
①に水を含ませて、遺体の唇を拭って口元を潤す

→

■湯かん
湯水を使って遺体をきれいに清める

→

■死に化粧
遺体に軽く化粧をほどこす

心を込めて儀式を行う

日本では臨終を迎えた遺体に対して遺族が「末期の水（死に水）」を取る風習があります。これは、死者によみがえって欲しいという願いと、あの世へ行って喉の渇きに苦しまないようにという心遣いを込めた、故人への別れの儀式です。末期の水を終えたら「湯かん」「死に化粧」、さらに「死に装束」を着せるという、遺体を清らかに整える作業があります。最近は、故人が生前に好んだ衣類を着せ、その上に経帷子《きょうかたびら》を羽織らせることも多くなっているようです。これらの処理は、基本的に葬儀社が行ってくれます。

その後、遺体はしばらくの間、納棺をせず自宅などに安置します。このとき、北の方向を枕にして寝かせ、手首に数珠をかけ、合掌させて胸の上に置き、顔に純白の大きめの布をかけます。遺体の枕元には「枕飾り」を置きます。

枕飾りは、仏式以外に、キリスト教式や神式のものもあります。宗派や地域による違いもあるので、葬儀社などに確認しましょう。

■遺体の安置

- ●遺体を安置するふとんは、薄手のものを用意する
- ●頭を「北」へ向ける
- ●両手は胸元で組ませる
- ●遺体の顔は、白い布で覆っておく

「北枕」にする

（仏教で葬儀を行う場合）

①
②
③
④
⑤
⑥
⑦

＜枕飾り＞

① 花立て
② 枕飯
③ 燭台
④ 鈴《りん》
⑤ 水
⑥ 香炉
⑦ 枕団子

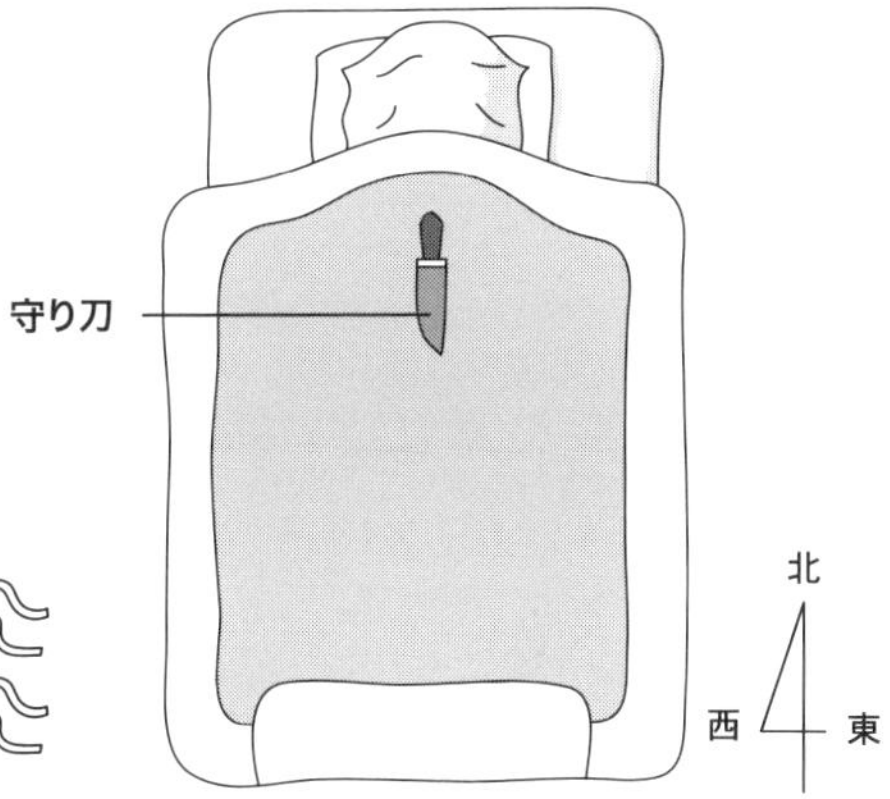
守り刀
北
西
東

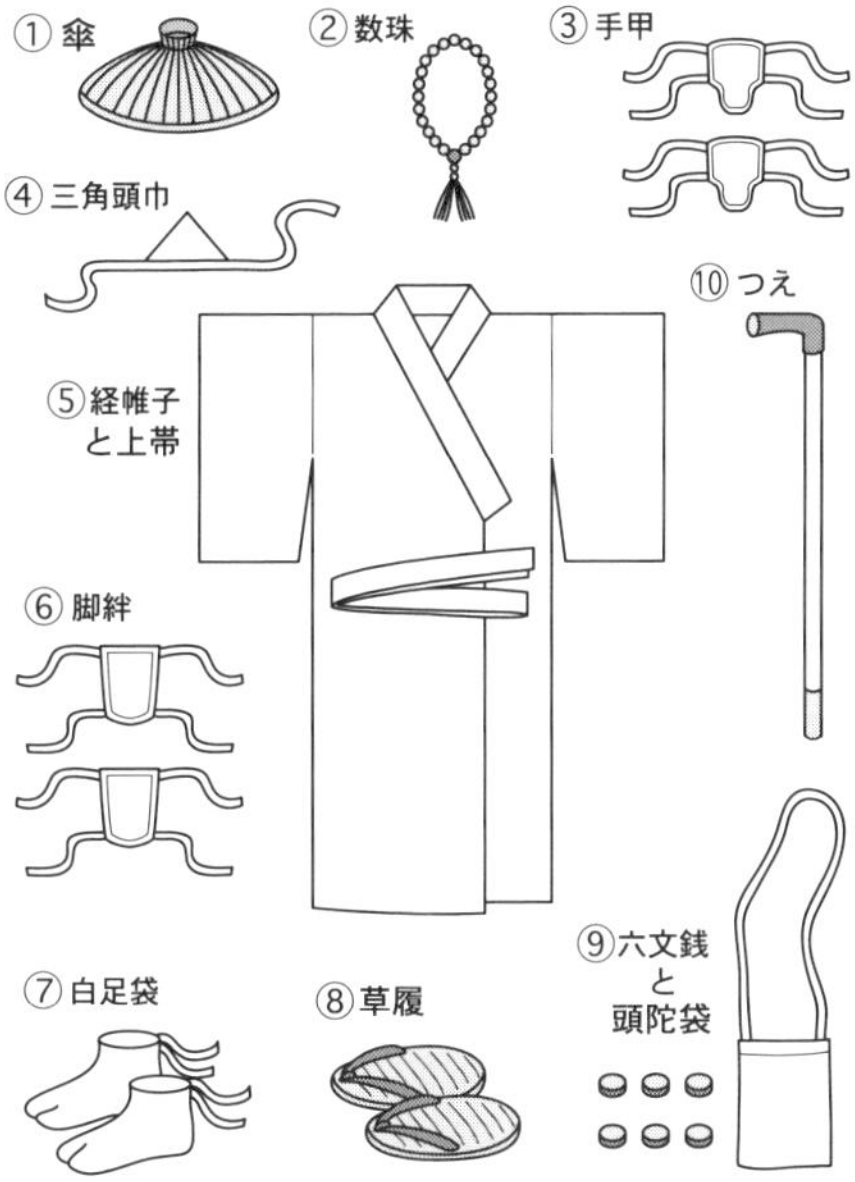
① 傘
② 数珠
③ 手甲
④ 三角頭巾
⑤ 経帷子
と上帯
⑥ 脚絆
⑦ 白足袋
⑧ 草履
⑨ 六文銭
と
頭陀袋
⑩ つえ

死に装束は日本独自のもの

白木綿の経帷子を左前に着せ、手甲《てっこう》と脚絆《きゃはん》をつけて白足袋と草履をはかせ、六文銭入りの頭陀袋をかけ、手に数珠を持たせるのが基本の形

戒名のつけ方と金額の目安

■戒名の種類と金額の目安

仏式の葬儀で最も頭を悩ませるのが「戒名」。金額の高低はさまざまですが、押さえておきたいポイントは2点。

① 故人のために捧げる名ということ

② 「戒名料」は、実質的に僧侶や寺院を支えるお布施（お金）になること

〈葬儀にかかる平均的費用〉
(日本消費者協会2007年調査資料より)

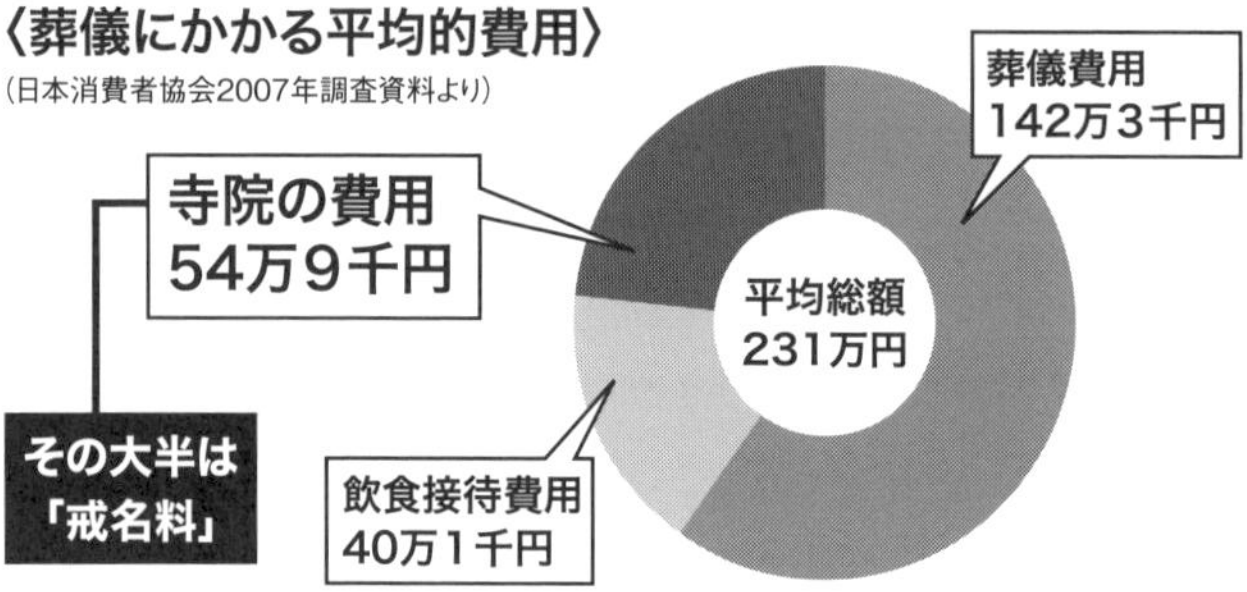

葬儀費用
142万3千円
寺院の費用
54万9千円
その大半は
「戒名料」
平均総額
231万円
飲食接待費用
40万1千円

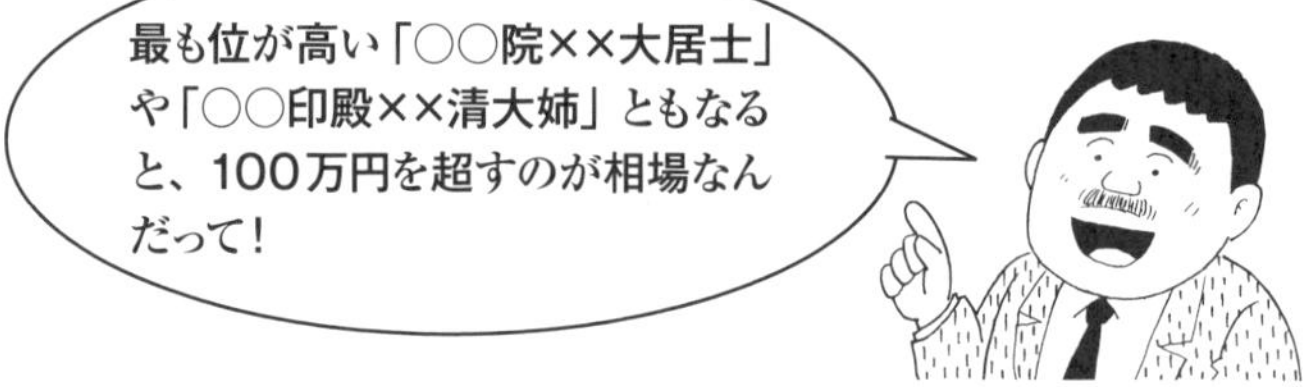

最も位が高い「○○院××大居士」や「○○印殿××清大姉」ともなると、100万円を超すのが相場なんだって!

戒名に対する考え方

「戒名《かいみょう》」はもともと、仏門に入ったしるしとしてつけられる名前です。今日では、仏式の葬儀というと、その戒名の高額な料金について話題になることが多いものです。100万円以上になることも珍しいことではありません。

そもそも戒名は「故人のために捧げる名」であり、戒名料は葬儀の儀礼を執り行ってくれた僧侶・寺院へのお布施でもあります。

故人の意に沿うことが第一ですが、無理のない範囲で戒名をつけてもらう……遺族はそんな態度で臨むのがいいでしょう。

■仏式の戒名について

仏式では戒名を位牌に刻むのが一般的です。位牌とは、亡くなった人の死亡年月日と戒名を記した木の板のことで、故人をまつるために仏壇やお寺の位牌壇に安置します。

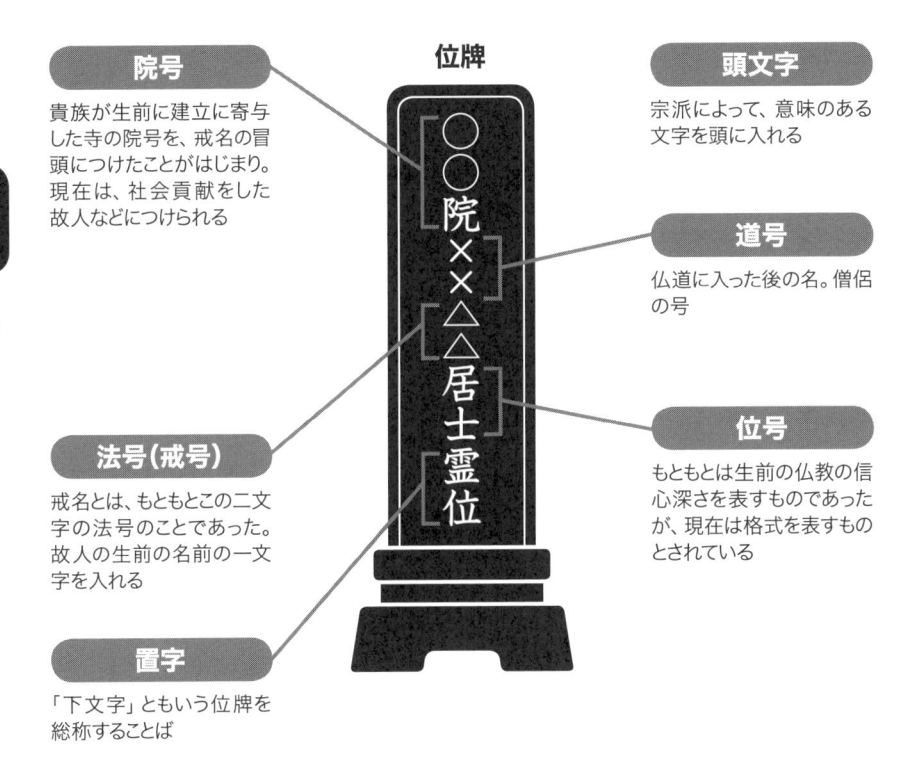

位牌

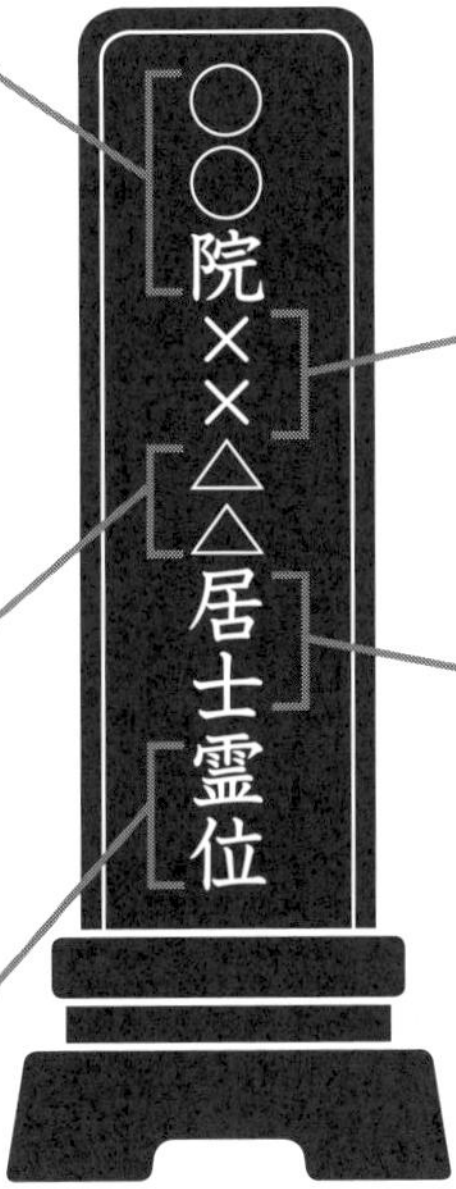

院号

貴族が生前に建立に寄与した寺の院号を、戒名の冒頭につけたことがはじまり。現在は、社会貢献をした故人などにつけられる

頭文字

宗派によって、意味のある文字を頭に入れる

道号

仏道に入った後の名。僧侶の号

法号（戒号）

戒名とは、もともとこの二文字の法号のことであった。故人の生前の名前の一文字を入れる

位号

もともとは生前の仏教の信心深さを表すものであったが、現在は格式を表すものとされている

置字

「下文字」ともいう位牌を総称することば

「戒名」とは？

もともとは、出家して戒律を授かり、仏弟子となった仏教の出家修行者の名前。後に、出家していない世間の人があの世（浄土）で出家して僧侶としての修行を積む際の名として、この世の僧侶から授かる慣習が生まれ、現在も継承されています。浄土真宗では「法名」、日蓮宗では「法号」と呼ぶなど、戒名は宗派で特徴があります。

喪服と返礼品・会葬礼状の準備

遺族の服装は？

葬儀を執り行う際に遺族が迷うのが服装かもしれません。一般的な遺族の服装としては、亡くなった直後は地味な平服（色は、黒・濃紺・グレーを選ぶ）に着替えて、訃報を知って駆け付けてくれた弔問客に対応します。

喪服に着替えるのは、通夜からでよく、葬式・告別式・火葬とすべての葬儀が終わるまで、喪服で通します。

参列してくれた方への返礼品（香典返しなど）と会葬礼状は、通夜の帰りから渡すことが主流となっています。

■葬式のときの遺族の服装

喪服とは本来遺族が一定期間、喪に服しているときに着る服のこと。遺族は正式礼装・準礼装を身につけます。

■正式礼装

男性は黒のモーニングコート。女性は黒無地のワンピース、スーツ、シンプルなデザインのアンサンブル。ブラウスも黒を選び、光沢のあるものは避けるのが無難。

■準礼装

男性は、黒無地のダブル、シングルのスーツ。シャツは白無地、ネクタイは黒を使用。女性は黒あるいは濃紺、濃いグレーのワンピースやスーツで、バッグや靴も黒色に。

■数珠

仏式の葬儀や法事の際に必要なのが数珠。各宗派共通のものがあるので、基本的にはそれがあればいい。しかし、檀家寺がある人は、その宗派のものを事前に用意しておきたい。数珠玉が少し大きいのが男性用、小さいのが女性用なので、その点に気をつけて自分に合うものを身につける。

■会葬礼状について

会葬者への礼状は、基本的には葬儀を終えた後で郵送するもの。しかし、最近は通夜や告別式の後に、参列者へ直接渡すことが多くなっています。葬儀を、葬儀社に依頼している場合、会葬礼状の文面も、葬儀社が用意しているので、遺族は差出人の喪主の名前と連名者の氏名を伝えるだけで、すべて手配してくれます。

〈会葬礼状の見本〉

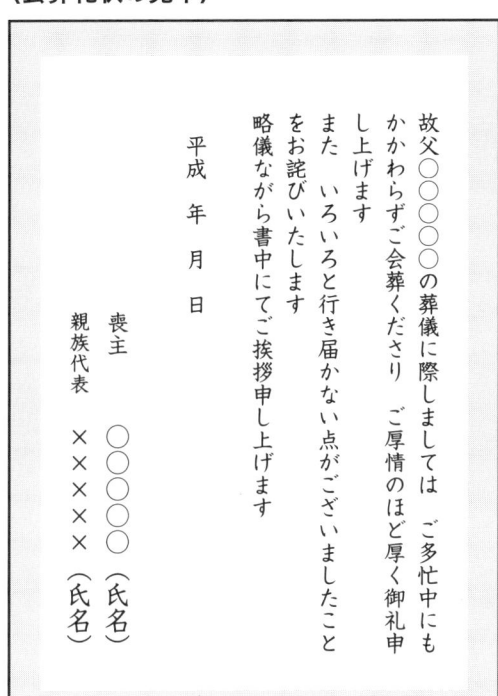

故父○○○○○の葬儀に際しましては　ご多忙中にも
かかわらずご会葬くださり　ご厚情のほど厚く御礼申
し上げます
また　いろいろと行き届かない点がございましたこと
をお詫びいたします
略儀ながら書中にてご挨拶申し上げます

平成　年　月　日

喪主　○○○○○（氏名）
親族代表　×××××（氏名）

葬儀社には、喪主など差出人の名前を間違えないように、しっかり伝えましょう

返礼品について

会葬者へ礼状といっしょに渡すものが、「清めの塩」と「返礼品（粗供養品）」。葬儀社に依頼している場合は、品を選ぶだけで手配をしてくれます。定番のお茶や海苔、ハンカチのほか、ギフトブックなどもあります。一般的には2000～3000円程度のものがよく選ばれています。

宗教別葬儀・告別式の進行例

仏式

参列者入場 → 僧侶入場 → 開式の辞 → 僧侶の読経（引導渡し）

神式

手水《ちょうず》の儀 → 神職及び遺族入場 → 開会の辞 → 奉幣《ほうへい》と献饌《けんせん》

キリスト教式（プロテスタント）

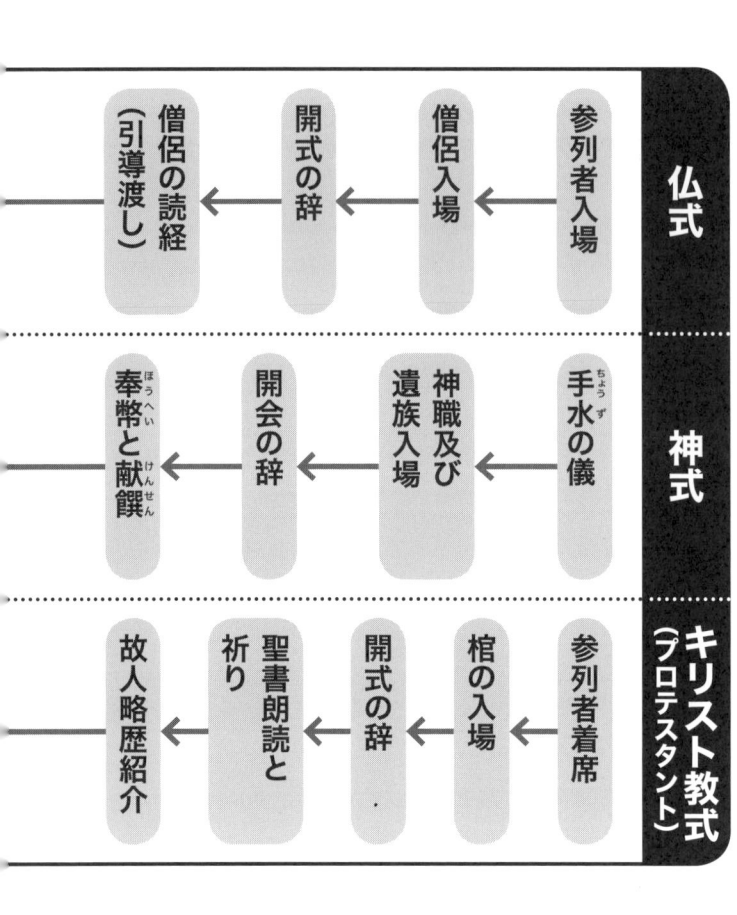

参列者着席 → 棺の入場 → 開式の辞 → 聖書朗読と祈り → 故人略歴紹介

宗教による違い

日本の葬儀は、ほとんどが仏式だと思っている人も多いようです。

依然として主流は仏式ですが、最近は自由葬や無宗教葬も増えていますし、神式やキリスト教式の葬儀もあります。

また、仏式といっても、宗派ごとに多少の違いがあります。たとえば、真言宗では焼香《しょうこう》が3回と決められていますが、浄土真宗では1回としたり、2回としたり、宗派や分派によって回数が異なったりします。葬儀を機会に、正式な儀礼を身につけるのもいいでしょう。

■仏式・神式・キリスト教式別、葬儀進行の例

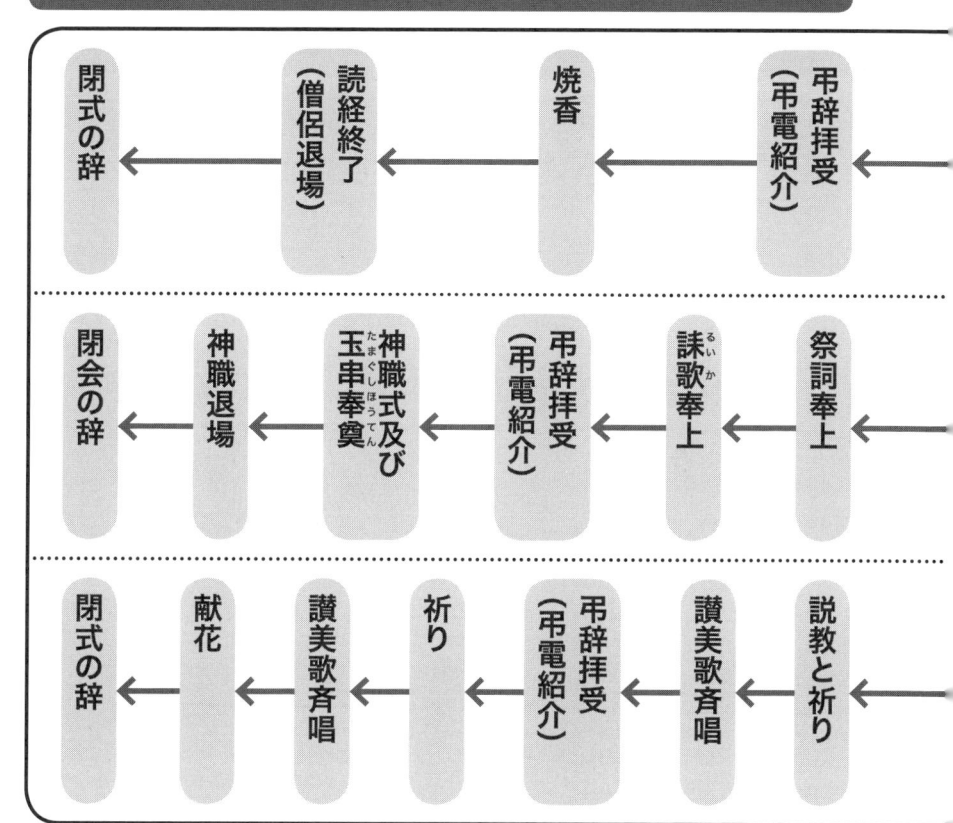

弔辞拝受（弔電紹介）→ 焼香 → 読経終了（僧侶退場）→ 閉式の辞

祭詞奉上 → 誄《るい》歌《か》奉上 → 弔辞拝受（弔電紹介）→ 神職式及び玉串《たまぐし》奉奠《ほうてん》→ 神職退場 → 閉会の辞

説教と祈り → 讃美歌斉唱 → 弔辞拝受（弔電紹介）→ 祈り → 讃美歌斉唱 → 献花 → 閉式の辞

■仏式の基本的な焼香の仕方

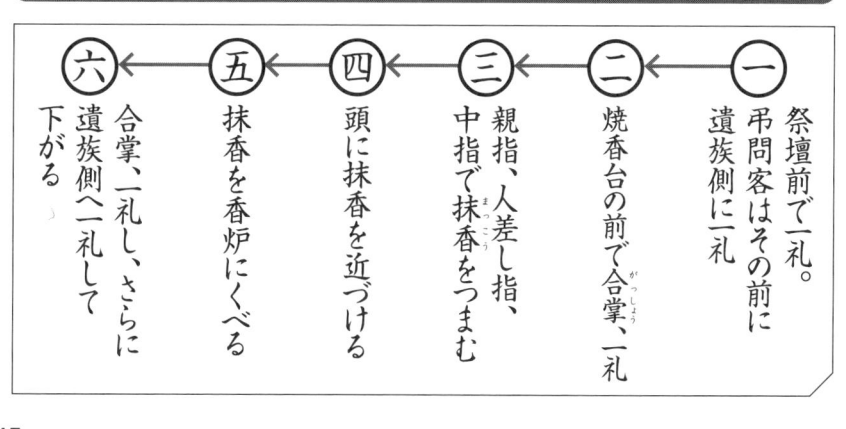

一 祭壇前で一礼。弔問客はその前に遺族側に一礼

二 焼香台の前で合掌《がっしょう》、一礼

三 親指、人差し指、中指で抹香《まっこう》をつまむ

四 頭に抹香を近づける

五 抹香を香炉にくべる

六 合掌、一礼し、さらに遺族側へ一礼して下がる

納棺と火葬の際に気をつけること

■納棺の儀式

棺には花や故人の愛用品を納める

- 故人との最後の対面となるので、遺族は心残りがないように、しっかりとその姿を見届ける
- たとえ故人の愛用品であっても、金属製の燃えないものや燃えると遺骨についてしまうガラスのようなものは棺に入れない。→遺骨と一緒にお墓の中へ納めるのはＯＫ

成仏の願いを込めて釘を打つ

- 丁寧に軽く２度ほど石で釘を打ちつけながら、これまでの感謝の礼と故人の成仏を心に願う
- 釘を打つ順番は、故人と縁の深かった人からとされている
  基本は喪主→遺族→親族→親しかった友人の順で行われるが、最近では省略されることも
- 出棺の際は、棺の向きは、必ず足のほうから運び出す

※最近の葬儀では釘打ちを省略するケースも増えている

埋火葬許可証を忘れずに

火葬場で直接執り行う「直葬」と呼ばれる葬儀形式も普及しているように、ここ数年で葬儀の形態は大きく変化しています。ただし、どの形式を選ぶにせよ、欠かすことができないのが火葬前の納棺であり、故人との最後の対面です。

火葬場へは位牌と遺影、それに埋火葬許可証を持参します。これを忘れると火葬ができません。

火葬後は、埋火葬許可証の裏に日付などの裏書きをしたものを渡されます。これは埋葬許可証として納骨するときに必要になるので、きちんと保管しておくこと。

■火葬場へ行くときに持っていくもの

火葬場へ行く前に、事前に準備しておくものを確認します。火葬場では火葬前に「納めの儀式」、火葬後には「骨揚げ」を行うのが一般的です。

【事前に準備するもの】

位牌

喪主が持ち、遺影は配偶者もしくは遺族が持ち、歩くときも、車の中でも、正面を必ず前に向けておく。

埋火葬許可証

これを忘れると火葬ができないので必ず持参すること。

〈埋火葬許可証の見本〉

死体（埋）火葬許可証

死亡者の本籍	神奈川県横浜市○○
死亡者の住所	東京都千代田区××
死亡者の氏名	山田　正子
性別	女
生年月日	昭和×年　8月2日生まれ
死亡年月日時分	平成○年　5月4日　○時×分
死亡の場所	東京都千代田区××
火葬の場所	横浜市立○×霊園
申請者住所	東京都千代田区××
氏名	山田　夏雄
死亡者との続柄	子

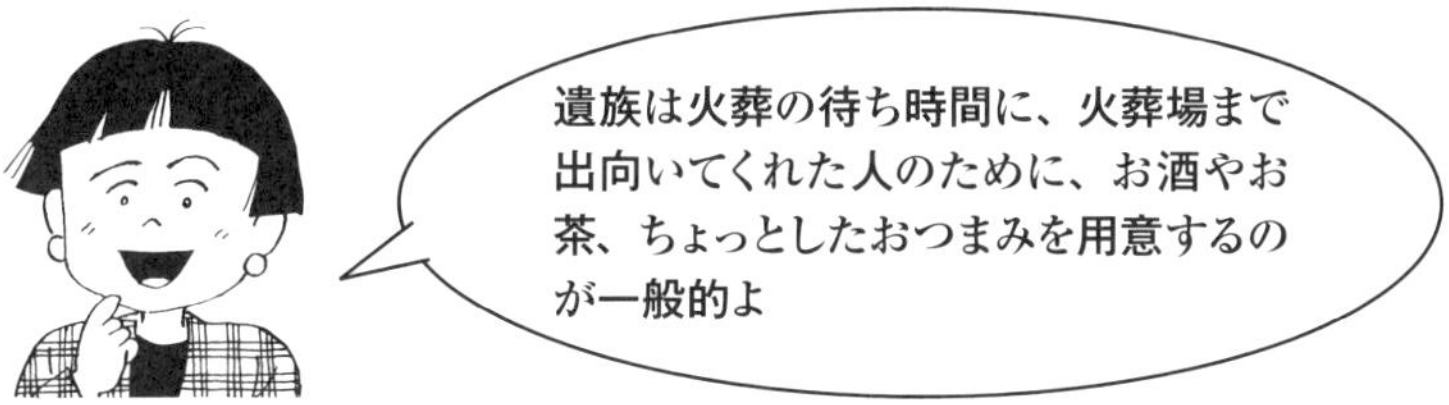
遺族は火葬の待ち時間に、火葬場まで出向いてくれた人のために、お酒やお茶、ちょっとしたおつまみを用意するのが一般的よ

故人との最後の別れ

葬儀後に行われる最後の別れは、喪主と親族、とくに親しかった知人が文字通り故人と最後の対面をする儀式です。通常は祭壇に飾られた花を「別れ花」として１輪ずつ棺の中に入れながら、故人と対面し、棺の中を花で覆いつくしていきます。

相続の流れ

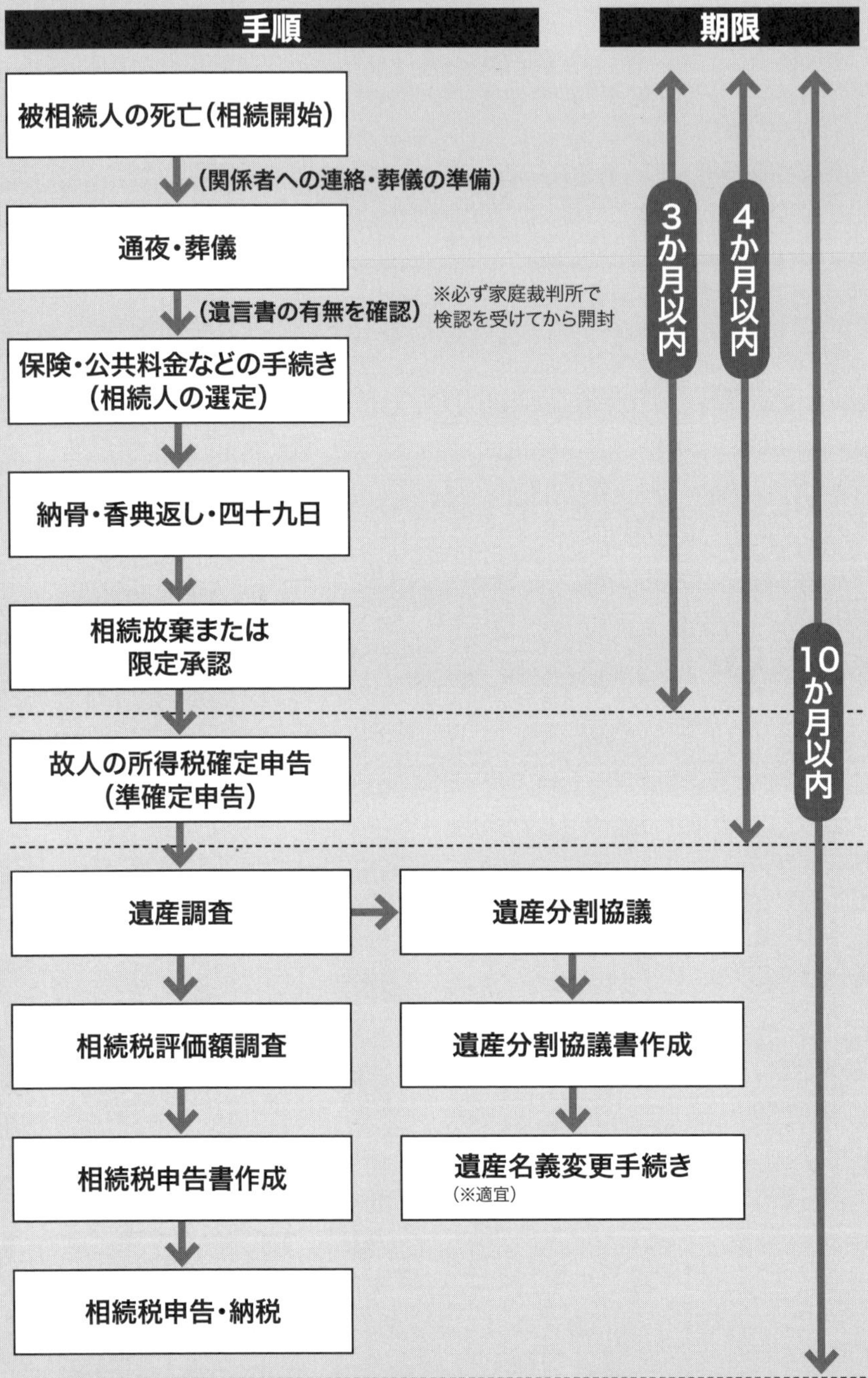
手順
期限
被相続人の死亡(相続開始)
(関係者への連絡・葬儀の準備)
通夜・葬儀
(遺言書の有無を確認)
※必ず家庭裁判所で
検認を受けてから開封
保険・公共料金などの手続き
(相続人の選定)
納骨・香典返し・四十九日
相続放棄または
限定承認
故人の所得税確定申告
(準確定申告)
遺産調査
遺産分割協議
相続税評価額調査
遺産分割協議書作成
相続税申告書作成
遺産名義変更手続き
(※適宜)
相続税申告・納税
3か月以内
4か月以内
10か月以内

※「公正証書遺言」の場合は検認は必要ありません。

相続早わかりチェックポイント

1 遺言

●遺言書がある場合は、遺言書に従うのが基本です。

●公正証書以外の遺言書（たとえば自筆証書遺言書）は住所地の家庭裁判所での検認手続きが必要であり、封印された遺言書であれば、開封してもらうことになります。

2 相続の放棄

●相続の放棄をする場合には、相続開始を知った時から3か月以内に家庭裁判所へ相続放棄の申述をする必要があります。

3 生前贈与加算

●相続開始前3年以内に被相続人から財産の贈与を受けているときは、その贈与財産については相続財産に取り込んで相続税を計算することになっています。

4 配偶者の税額軽減

●配偶者が、相続税の申告期限までに遺産分割により取得した財産についての相続税額が、軽減されるという制度です。なお、申告期限までに遺産分割の終了していない部分についてはこの制度の適用はありません。

●ただし、その後遺産分割が行われ、この適用を受けることができるようになった場合は、遺産分割が行われた日から4か月以内に、既に納付した相続税の還付請求（更正の請求といいます）をすることになります。この場合遺産分割は原則として申告期限から3年以内に行われることが必要です。

●配偶者の税額軽減の適用を受けるためには、申告書の提出が要件とされます。

5 相次相続控除

●10年間に2回以上の相続税がかかると、相続人の税負担が重くなりすぎるおそれがあります。そのために用意されているのが、相次相続控除です。

●具体的には、第一次相続の時に課税された税額の一部を、第二次相続の相続人の税額から控除する制度です。

6 障害者控除

●相続人等が85歳未満の障害者である場合には、生活保障の観点から一定の税額が控除されます。

7 小規模宅地等の評価減特例

●土地の評価にあたり、居住用の宅地と事業用の宅地、貸付用の宅地について、特別に軽減される制度です。ただし、遺産分割が完了していなければ、この適用は受けられません。

8 農地の相続税の納税猶予の特例

●農業経営を安定させるため、相続人が農地(贈与税の納税猶予された農地を含む)を相続して引き続き農業を営む場合には、相続税の一部の納税が猶予される制度です。適用を受けるための要件は次のとおりです。

①被相続人が当該農地についてその死亡の日まで農業を営んでいたこと

②相続人が、相続税の申告書の提出期限までに相続により取得した農地にかかる農業経営を開始し、その後引き続きその農業経営を行うと認められる者として農業委員会が証明したこと

③農業相続人は、この特例の適用を受ける農地を相続税の申告書の提出期限までに分割取得されていること

④被相続人から相続した農地のうち、その農業相続人の選択により相続税の申告書の提出期限までに申告し、この特例の適用を受ける旨の記載があること

⑤相続税の申告期限までに納税猶予分の相続税に相当する担保を提出する

9 延納・物納

●延納

相続税の申告により、納付すべきことになった相続税額が10万円を超える場合など、担保を提供することで20年以内の年賦による延納を申請することができます。延納申請は原則として申告期限、または納付すべき日までにする必要があります。

●物納

相続により取得した財産のほとんどが不動産であるなど、金銭納付が困難な場合などに利用できる制度です。金銭納付に代えて、相続税の課税価格の計算の基礎となった財産によって、物納申請をします。

●物納申請することができる財産は国債、不動産など一定の財産に限定されます。物納申請は延納と同様に、申告期限または納付すべき日までに申請しなければなりません。

10 連帯納付義務

●相続税の納付は、それぞれの財産を取得した者が納付するのが原則です。ただし、相続税を納付すべき相続人の中で、相続税の納付をしなかった者がいる場合には、基本的には相続人に連帯納付義務が発生します。

11 未分割の場合

●遺産分割協議が調わない場合にも、未分割財産を相続人が法定相続分により取得したものとして、相続税の課税価格を計算して申告することになります。

12 所得税の確定申告

●被相続人が確定申告書を提出する義務がある場合には、相続人は被相続人が死亡した日の翌日から4か月以内にその確定申告書を提出しなければなりません。

13 その他

●相続税の申告では、被相続人の相続財産のすべてが対象になります。たとえ名義が配偶者や子ども、孫などの場合であっても、被相続人が管理・運営しているなど、実質的に被相続人の財産であるものはすべて含まれます。

相続のための必要書類チェック表

相続税申告のために用意する書類①

チェック	必要書類	名義・対象者
□	銀行・郵便局などの（預貯金・出資金・借入金）残高証明書	被相続人
□	定期預金の経過利息計算書	被相続人
□	預金通帳のコピー	被相続人
□	預金通帳のコピー（相続日～6か月程度）	相続人等
□	生命保険の死亡保険金支払明細書	受取人
□	生命保険契約書（コピー）	被相続人
□	退職金・弔慰金支払明細書	被相続人
□	有価証券残高証明書	被相続人
□	不動産（土地・建物）の固定資産税評価証明書	被相続人
□	不動産（土地・建物）の登記簿謄本	被相続人
□	不動産（土地・建物）の測量図（公図）	被相続人
□	賃貸不動産の賃貸借契約書コピー	被相続人
□	ゴルフ会員権・証書類	被相続人
□	自動車検査証	被相続人
□	貸付金契約書	被相続人
□	確定申告書コピー	被相続人

相続税申告のために用意する書類②

チェック	必要書類	名義・対象者
□	健康保険料・介護保険料等の還付通知書	被相続人
□	固定資産税・住民税等の支払明細書	被相続人
□	借入金契約書	被相続人
□	葬儀費用の明細と領収書	相続人
□	医療費の領収書	被相続人
□	贈与に関する資料（過去３年分）	相続人
□	前回の相続税の申告書（相次相続の場合）	相続人
□	出生から死亡までの連続した戸籍（除籍）謄本	被相続人
□	戸籍謄本	相続人全員
□	戸籍の附票	被相続人・ 相続人全員
□	除籍住民票	被相続人
□	住民票	相続人全員
□	印鑑証明書	相続人全員
□	相続税の申告書	相続人

銀行・証券会社など金融機関用

<table>
<tr><th>チェック</th><th>必要書類</th><th>窓口</th></tr>
<tr><td>□</td><td>相続届など金融機関所定の書類</td><td rowspan="3">銀行
信託銀行
証券会社など</td></tr>
<tr><td>□</td><td>故人名義の通帳・証書・キャッシュカード・貸金庫キーなど</td></tr>
<tr><td>□</td><td>被相続人の出生から死亡までの連続した戸籍(除籍)謄本</td></tr>
<tr><td>□</td><td>相続人全員の戸籍謄本</td><td></td></tr>
<tr><td>□</td><td>相続人全員の印鑑証明書・実印</td><td></td></tr>
<tr><td>□</td><td>遺産分割協議書（必要に応じて）</td><td></td></tr>
<tr><td>□</td><td>遺言書（必要に応じて）</td><td></td></tr>
<tr><td>□</td><td>遺言書の検認証書（必要に応じて）</td><td></td></tr>
<tr><td>□</td><td>証券会社の口座開設のための書類（必要に応じて）</td><td></td></tr>
</table>

※金融機関によっては求められる書類が異なる場合もあるので事前に確認。

死亡保険金の請求

チェック	必要書類	窓口
□	保険証券	保険会社
□	死亡保険金請求書	
□	死亡診断書	
□	死亡者の除籍謄本	
□	受取人の戸籍謄本	
□	受取人の印鑑証明書	

※印鑑証明書や戸籍謄本など発行から「3か月以内」「6か月以内」という条件がつくことも多いので注意。

不動産の所有権移転登記

チェック	必要書類	窓口
□	移転登記申請書	不動産所在地の 登記所（法務局）
□	不動産の固定資産税評価証明書	
□	不動産の登記簿謄本	
□	被相続人の戸籍(除籍）謄本	
□	被相続人の除籍住民票	
□	相続人全員の戸籍謄本	
□	相続人全員の印鑑証明書	
□	取得者の住民票・戸籍抄本	
□	遺産分割協議書（または遺言書の写し）	
□	委任状（司法書士等に委任する場合）	

※被相続人の死亡時の住所と登記簿謄本の住所が違う場合は「戸籍の附表」も必要になります。

自動車の名義変更

チェック	必要書類	窓口
□	移転登録申請書	陸運支局
□	遺産分割協議書	
□	被相続人の戸籍（除籍）謄本	
□	相続人全員の戸籍謄本	
□	相続人全員の印鑑証明書	
□	自動車税納税証明書	
□	車検証・車庫証明	

年金関連

チェック	必要書類	窓口
□	各種年金決定・裁定請求書	市区町村役所 年金事務所 共済組合
□	年金受給状況等調査票	
□	年金受給権消滅届書・支払未済給付請求書	
□	死亡診断書	
□	故人除籍後の遺族年金受給請求者（配偶者）の戸籍謄本	
□	故人の住民票の除票	
□	配偶者の住民票	
□	配偶者の所得証明書	
□	年金改定通知書	
□	年金証書・年金手帳	
□	遺族に関する申立書（必要に応じて）	
□	生計維持申立書（必要に応じて）	

【あ行】

●遺産分割協議・遺産分割協議書

遺産の分割を、相続人の間で話し合って決めることを「遺産分割協議」といいます。相続人全員による遺産分割協議が整わない場合は、家庭裁判所での調停・審判に委ねることもできます。「遺産分割協議書」は、誰が、何を、どれだけ相続するかを記したもので、相続人全員が実印を押します。

●遺贈・遺贈者・受遺者

遺言によって財産を与えることを「遺贈」といい、与える人は「遺贈者」、遺贈を受ける個人・団体は「受遺者」です。

●遺留分・遺留分減殺請求

法定相続人が、必ず相続することができる最低限の相続分のことを「遺留分」といいます。相続した財産がこの遺留分に満たない場合、一定の範囲内で財産の取り戻しを請求することができます。それが「遺留分減殺請求」です。兄弟姉妹には遺留分はありません。

●延納・物納

金銭による相続税の納付が困難な場合、年払いで分割して納付することが認められます（延納）。また、金銭による納付が困難であれば「物納」を申請することができます。物納できる財産や優先順位は、法律で定められています。

【か行】

●寄与者

被相続人の看病・介護などに特別に寄与した人をさします。被相続人の財産の維持や増加に特別に貢献した人も該当します。寄与者に該当する相続人には寄与に相当する額を加えた財産の取得が認められます。

●戸籍謄本・改製原戸籍

本籍地の市区町村役所が管理している戸籍の原本をそのまま写したものが「戸籍謄本」。記載されているすべての事項を写していることから、「全部事項証明」とも呼ばれます。法定相続人全員を確認するため、金融機関などから「生まれてから死亡日までの連続した戸籍謄本」を求められるように、相続手続きでは必ず必要になります。

ただし、国は戸籍の改製を何度か実施しています。そのため、現在の戸籍謄本では誕生から死亡まで連続していないことも多いもの。そこで必要になるのが、改製原戸籍の写し。改製によって書き換えられる前の戸籍を改製原戸籍といい、「はらこせき」とも「げんこせき」ともいいます。

【さ行】

●準確定申告

確定申告が必要な場合、相続人が被相続人（故人）に代わって申告します。それを「準確定申告」といいます。

●小規模宅地等の評価減特例

相続税の計算をする場合、居住用の宅地や事業用の宅地、貸付用宅地について、その評価額を減額する特例です。

●所有権移転登記・名義変更

相続した不動産の名義を変更するためには「所有権移転登記」が必要で、不動産の所在地を管轄する登記所（法務局）に申請します。預貯金口座などの場合は、単に「名義変更」といいます。

●生前贈与・相続時精算課税制度

生前中に、子どもなどに資産を移転することです。年間110万円までの贈与であれば、贈与税は発生しません。一定の条件を満たした配偶者は「贈与税の配偶者控除」の適用を受けることができます。従来からの生前贈与の他に、「相続時精算課税制度」も設けられており、一定の条件を満たせば贈与時は2500万円まで非課税になります。

●生命保険の契約者

生命保険金の支払い義務者です。その死亡などによって保険金の支払いが発生する対象者は被保険者、保険金を受け取る権利がある人は受取人となります。

●相続欠格

遺言書の偽造など違法行為をした人は「相続欠格」とみなされ、相続権を失います。

●相続税・課税価格の合計額

相続や遺贈などによって得た財産が、一定の額を超えた場合に納付する税金が相続税です。その一定の額の目安となるものが「課税価格の合計額」。葬儀費用や死亡保険金で認められている控除を差し引いたり、遺産である土地の評価などを経て確定することになります。課税価格の合計額が、「5000万円＋（1000万円×法定相続人の人数）」を上回れば、相続税が発生します。

戸籍上の配偶者は必ず相続人になります。ただし、被相続人が生前中に離婚した元配偶者（故人の子には相続権がある）は該当しません。正式な婚姻届を出していない事実婚など内縁関係の場合も、法定の相続権はありません。

●配偶者の税額軽減
相続や遺贈などによって財産を得る人が配偶者の場合は、1億6000万円以下か、法定相続分以下の相続であれば、相続税はかかりません。ただし、この制度の利用によって相続税が「ゼロ」となる場合でも、相続税の申告書の提出が必要です。

●被相続人
亡くなった人のことです。その死亡をもって相続がスタートします。

●被扶養者
配偶者や親などの収入により、生計を維持している人で、主に専業主婦や学生などの子どもが該当します。

●被保険者
健康保険などに加入し、必要な給付を受けられる人です。生命保険では、被保険者の死亡などにともない保険金の支払いが発生します。

●法定相続分
遺言書がない場合の民法で定められている相続割合です。ただし、その割合に厳密に従って分割することは、現実としては難しいケースがほとんどです。

【や行】

●遺言書
遺産を分割する方法には、相続人の間で話し合って決める「遺産分割協議」のほか、「遺言」によるものがあります。遺言書は方式によって「公正証書遺言」「自筆証書遺言」「秘密証書遺言」などに分かれます。

●遺言書の検認
「公正証書遺言」以外の遺言書の場合は、家庭裁判所による検認が必要になります。検認は遺言書の存在を関係者に知らせるとともに、偽造などを防いで保存を確実なものにするための手続き。内容が有効か無効かを問うものではありません。

●養子
相続では基本的に、実子と養子は同じ扱いになります。実の親との親子関係が終了する「特別養子」を選択しなければ、養親と実親の両方の相続人になります。

●相続人
亡くなった人の財産・債務等を引き継ぐ人です。民法では「法定相続人」として、相続の権利を有する人を定めています。したがって、遺言書で法定相続人以外の指定がなければ、法定相続人が相続人になります。

●相続放棄・限定承認・単純承認
債務（マイナスの財産）が多い場合など、法定相続人がその遺産の引き継ぎを放棄することを「相続放棄」といいます。預金などプラスの財産の範囲内でマイナスの財産を引き継ぐ、条件つきの相続は「限定承認」です。一般的な相続は「単純承認」といいます。

【た行】

●胎児
法律的には、すでに生まれたものとみなされ、相続する権利が認められます。ただし、胎児が死亡して生まれた場合は、相続権は発生しません。

●代襲相続
相続人である親より子どものほうが先に亡くなっている場合、その子の直系卑属（被相続人からすれば孫やひ孫）が、代わりに相続することです。

●嫡出子・非嫡出子
法律的に婚姻関係（入籍）にある男女の間に生まれた子どもは嫡出子。入籍していない男女間に生まれた子どもは非嫡出子とされます。「認知」などにより非嫡出子にも相続権が発生します。

●直系尊属・直系卑属
直系尊属とは、父母や祖父母のこと。自分の子どもや孫などは直系卑属に該当します。

●特別受益者
被相続人（故人）から生前贈与や遺贈により、特別に財産を譲り受けた人です。

【な・は行】

●年金
厚生年金や共済年金などの加入者も、国民年金に加入していることになっています。ただし、国民年金では第1号被保険者、第2号被保険者、第3号被保険者に分かれます。第1号は事業主やその配偶者、学生など。第2号は会社員や公務員など。第3号は第2号被保険者に扶養されている配偶者です。

●配偶者・内縁関係

索引

【あ行】

【か行】

【さ行】

【ま行】

【や行】

【ら行】

【た行・な行】

【は行】

池田陽介（いけだ　ようすけ）

税理士。1962年埼玉県生まれ。88年税理士登録。池田総合会計事務所所長。経営コンサルティング会社であるフォローアップ株式会社の代表取締役を務めるほか、弁護士、弁理士、司法書士、不動産鑑定士、一級建築士、社会保険労務士などと士業ネットワークを結び、多方面での活動を展開。主な著書に『身近な人の葬儀後の手続きと届け出一切』（中経出版）、『図解 決算書 ここだけ見ればいい！』（三笠書房）などがある。

●池田総合会計事務所　URL http://ik-tax.com/

装幀　石川直美（カメガイ デザイン オフィス）
装画　古谷三敏
本文漫画　『BARレモン・ハート』（双葉社）より
デザイン　株式会社シーツ・デザイン
編集協力　有限会社ヴュー企画（池上直哉　小松晶英）
編集　鈴木恵美（幻冬舎）

知識ゼロからの相続の手続き

2011年2月25日　第1刷発行
2014年4月25日　第4刷発行

著　者　池田陽介
発行人　見城　徹
編集人　福島広司

発行所　株式会社 幻冬舎
〒151-0051　東京都渋谷区千駄ヶ谷4-9-7
電話　03-5411-6211（編集）　03-5411-6222（営業）
振替　00120-8-767643
印刷・製本所　株式会社 光邦

検印廃止

ISBN978-4-344-90211-4 C2095
Printed in Japan
幻冬舎ホームページアドレス　http://www.gentosha.co.jp/
この本に関するご意見・ご感想をメールでお寄せいただく場合は、comment@gentosha.co.jpまで。